Sven Gábor Jánszky (Hrsg.)

Die **NEUVERMESSUNG** *der* **WERTE**

Wie sich unsere Grundwerte in Unternehmen und Gesellschaft verändern werden

Mit Gastbeiträgen der Topmanager von Microsoft, BMW, Eplus, ERGO, UniCredit, ZDF und vielen anderen

GOLDEGG VERLAG

Bildrechte Autorenfoto: © Andreas Lander

Der Verlag und sein Autor sind für Reaktionen, Hinweise oder Meinungen dankbar. Bitte wenden Sie sich diesbezüglich an verlag@goldegg-verlag.com.

Der Goldegg Verlag achtet bei seinen Büchern und Magazinen auf nachhaltiges Produzieren. Goldegg Bücher sind umweltfreundlich produziert und orientieren sich in Materialien, Herstellungsorten, Arbeitsbedingungen und Produktionsformen an den Bedürfnissen von Gesellschaft und Umwelt.

Gedruckt nach der Richtlinie des
Österreichischen Umweltzeichens
„Druckerzeugnisse“,
Druckerei Theiss GmbH, Nr. 869

FSC
www.fsc.org
MIX
Papier aus verantwortungsvollen Quellen
FSC® C012536

ISBN Print: 978-3-902903-56-3
ISBN E-Book: 978-3-902903-57-0

Friedrichstraße 191 • D-10117 Berlin
Telefon: +49 800 505 43 76-0

Goldegg Verlag GmbH, Österreich
Mommsengasse 4/2 • A-1040 Wien
Telefon: +43 1 505 43 76-0

E-Mail: office@goldegg-verlag.com
www.goldegg-verlag.com

Layout, Satz und Herstellung: Goldegg Verlag GmbH, Wien
Druck und Bindung: Theiss GmbH

Inhaltsverzeichnis

Vorwort

Liebe Leserin, lieber Leser,
haben Sie auch manchmal den Eindruck, dass in unserem Land die guten alten Werte verfallen? Beklagen Sie manchmal, dass die Jugend keine Werte mehr hat? Dann sind Sie in guter Gesellschaft! Landauf, landab prophezeien die selbst ernannten Experten der Fernsehtalkshows den Verfall unserer Werte bis zum Untergang der Kultur. Mal ist das Internet schuld, mal die Banker und mal die Jugend.

Auch im Topmanagement der Wirtschaft ist der angebliche Werteverfall ein schlagendes Argument: Vor wenigen Wochen war ich eingeladen, mit den Vorständen eines großen, volksnahen Unternehmens die 5-Jahres-Strategie ihres Unternehmens zu entwerfen. Ich war noch gar nicht zu Wort gekommen, da hatten bereits zwei Vorstände den Werteverfall der jungen Zielgruppe proklamiert. Ich war nicht überrascht, aber entsetzt. Selten zuvor hatte ich so klar gespürt, wie die aktuelle Wertedebatte am Thema vorbei geführt wird. Wir machen es uns allzu leicht, wenn wir nur das Versagen von Gesellschaft, Schule, Eltern und Jugend oder das Internet für etwas verantwortlich machen, das wir nicht wollen oder nicht auf Anhieb verstehen.

Mit diesem Buch möchten wir die aktuelle Wertedebatte vom Kopf auf die Füße stellen. Die Debatte über Werteverfall kann nicht zu einem sinnvollen Ergebnis kommen, weil sie den wichtigsten Aspekt einfach vergisst:

Zwar gibt es keinen apokalyptischen Werteverfall – die Jugend hat zum größten Teil die gleichen Werte wie die Älteren. Doch es bleibt auch nicht alles beim Alten! Denn die Werte selbst verändern sich und unser Verständnis von ihnen.

Es ist natürlich kein Zufall, dass der Titel dieses Buches an die große Geschichte über zwei der bedeutendsten Entdecker unseres Landes anlehnt: „Die Vermessung der Welt“[1] mit den Biografien des Mathematikers Carl Friedrich Gauß und des Naturforschers Alexander von Humboldt. Die beiden haben einen beträchtlichen Teil dazu beigetragen, unser Verständnis der Welt zu prägen. Doch sie haben nichts von dieser neuen Welt selbst geschaffen. Alles war bereits da. Sie haben es „nur“ vermessen. Weil sich damals Technologie und Gesellschaft entwickelt hatten, konnten die bis dahin gültigen, oft mythischen Maßstäbe über Phänomene der Natur, Mathematik und Astronomie die Welt nicht mehr erklären. Die Leistung von Gauß und Humboldt war nichts Geringeres, als uns neue Maßstäbe und Messverfahren anzubieten, die Teile der Welt genauer messen und erklären konnten. Auf diese Weise haben sie der Menschheit geholfen, die Welt besser zu verstehen.

Sehr Ähnliches geschieht derzeit mit unseren Werten. Sie sind da. Sie verschwinden nicht. Sie entstehen auch nicht neu. Ihre Bedeutung und ihr Charakter bleiben gleich, doch unsere Maßstäbe verändern sich rapide. Das heißt: Um die gleichen Werte zu erfüllen, muss man heute anders handeln als früher. Und: Um zu erkennen, ob wir eine Wertvorstellung erfüllen, müssen wir anders messen als früher. Wir sind in einer Phase der Neuvermessung unserer Werte!

Dies ist sowohl für wertebewusste Menschen als auch für Unternehmen von größter Wichtigkeit. Denn es gibt kaum noch eines der großen Unternehmen, das sich nicht ein System der wertorientierten Führung gegeben hätte. Das Ziel ist klar und modern: Wenn die Welt schon so komplex und unvorhersehbar ist, dass man den Führungskräften keine konkreten Vorgaben machen kann, weil man nicht weiß, welche unvorhersehbaren Entscheidungen sie in Zukunft zu treffen haben, dann will man ihnen wenigstens Leitlinien in die Hand geben, an denen sie ihre Entscheidungen messen können. Auf diese Weise haben in den vergangenen Jahren die meisten großen Konzerne Unternehmenswerte definiert und ihre Manager darauf trainiert.

Doch diese Führungskräfte in Wirtschaft und Gesellschaft stehen vor dem gleichen Dilemma wie jeder Normalbürger auch: Wer den rasanten Wertewandel unserer Zeit nicht versteht, der versteht künftig seine Mitarbeiter und Kunden nicht mehr. Wer mit alten Maßstäben misst und glaubt, sich wertekonform zu verhalten, der erreicht genau das Gegenteil.

Deshalb müssen Führungskräfte und alle anderen, denen Werte besonders wichtig sind, nicht nur Werte setzen, sondern permanent übersetzen und adaptieren. Der verantwortliche Umgang mit Werten liegt nicht im Lamentieren und Verteidigen überholter Maßstäbe, sondern in der zukunftsbewussten Übersetzung in ein neues Verständnis.

Soweit, so gut. Leider klingt dies zunächst so abstrakt wie die meisten Fernsehtalkshows zum Thema. Für diese Gedanken müssten Sie kein Buch lesen. Deshalb habe ich vierzehn Vorstände und Topmanager renommierter

Konzerne sowie erfolgreiche Entrepreneure eingeladen, mit mir gemeinsam konkret zu werden. Wir übersetzen die sechs wichtigsten Grundwerte unserer Unternehmen in ein modernes Verständnis. Wir beschreiben, wie Führungskräfte in Unternehmen und Gesellschaft die Werte in unsere Zukunftswelt übersetzen und ihre Institutionen verantwortungsvoll durch den Wertewandel führen können.

Natürlich sind wir Autoren weder Wahrsager noch unfehlbar. Ob unsere heutigen Werte-Übersetzungen tatsächlich exakt das gesellschaftliche Verständnis der Zukunft vorwegnehmen, muss bezweifelt werden. Es wäre sogar schlimm, wenn es so wäre. Denn der Wertewandel ist ein Prozess, der immer weitergeht. Er bleibt nicht stehen.

Deshalb verstehen Sie dieses Buch bitte nicht als starres Regelwerk, sondern als Gedankenanstoß, Ihre wichtigsten Werte zukunftssicher zu übersetzen. Wir wollen keine neue akademische Debatte über Definitionen von Werten beginnen. Wir sind Entscheidungsträger in der Wirtschaft, die versuchen, verantwortungsbewusst mit der Zukunft der ihnen anvertrauten Unternehmen und Mitarbeiter umzugehen.

Dieses Buch ist unser Anstoß zum Werte-Überprüfen, zum Besser-Machen und zum Zukunft-Gestalten! Nutzen Sie es! Wir würden uns freuen.

Sven Gábor Jánszky

Prolog: Kann sich das Gute wandeln?

Wer wie wir kurz davor steht, einem rasanten Wertewandel das Wort zu reden, der kommt nicht umhin, erst einmal darüber nachzudenken, was Werte denn sind. Und ob sie sich überhaupt wandeln können.

Nicht wenige Experten in der umfangreichen philosophischen Wertedebatte seit Aristoteles' „Güterethik"[2] und Platons „Idee des Guten"[3] glauben an Werte als eindeutigen Ausdruck des Guten und als unveränderliche Normen für menschliches Verhalten. Diese Vorstellung prägte keinesfalls nur die Denker der Antike. Sie *„sind krisenfrei und eindeutig wie der Sinn von ja und nein"*[4] schrieb etwa der Rektor der Pädagogischen Hochschule Berlin, Walter Heistermann mitten im letzten großen Wertewandel im Deutschland der Sechzigerjahre. Er beschrieb damit das Werteverständnis bei vielen etablierten Entscheidungsträgern damals. Noch heute prägt die Suche nach unveränderlichen Universalwerten viele akademischen Diskussionen. Und die plakative Vorstellung von Werten als Ausdruck von „Gut" und „Böse" sorgt für gute Quoten in den Fernsehtalkshows.

Regelmäßig steht dabei die Frage der Fragen im Raum: Wie könnte etwas, das einmal als „Gutes" anerkannt war und nach dem eine ganze Generation strebte, plötzlich falsch sein? Die Frage ist berechtigt, wenn man an eine

Welt in Schwarz-Weiß, ohne Grautöne glaubt. Denn wenn eine Wertvorstellung nur eindeutig richtig oder falsch sein kann, dann gibt es eine logische Konsequenz: Sobald bei dieser Wertvorstellung eine Veränderung festgestellt wird, diese also nicht mehr zu 100 Prozent richtig ist, dann haben wir es mit einem Werteverfall zu tun. Dies wäre logisch. Es ist nur fraglich, ob unsere Welt wirklich so tickt.

Das Buch will sich nicht an der theoretischen Auseinandersetzung über verschiedene Wertemodelle beteiligen. Wir akzeptieren, dass es drei unterschiedliche Hauptströmungen von Wertemodellen gibt: Erstens das christliche Wertemodell mit unveränderlichen Grundwerten, zweitens das selbstverantwortliche Wertemodell mit der Möglichkeit der Selbstprogrammierung jedes Menschen und drittens das neurobiologische Wertemodell, das jegliche menschliche Handlung zunächst für emotional getrieben hält und eine Bedeutungs- und Wertezuweisung erst im Nachhinein beschreibt.

Die Autoren dieses Buches glauben, dass Werte keine Naturgesetze sind. Werte sind das Ergebnis des sozialen Zusammenlebens von Menschen. Werte entstehen durch die Art und Weise, wie Menschen miteinander leben, welche Entscheidungen sie treffen und welche nicht. Dies bedeutet auch, dass die handlungsleitenden Werte eines jeden Menschen durch ihn selbst bewusst veränderbar sind. Zwar denkt kein Mensch vor jeder Handlung bewusst über seine Werte nach. Unsere Handlungen erfolgen oft unbewusst und emotional, jedoch keinesfalls wertefrei, sondern auf Basis der verinnerlichten Werte.

Umso wesentlicher ist das Bewusstsein und aktive Steuern der eigenen Werte. Es gehört zu den Aufgaben und Herausforderungen eines jeden Menschen, seine

Werte bewusst zu definieren und sie im Lauf der Zeit so zu verändern, dass sie der Entwicklung der Welt und der persönlichen Vision Rechnung tragen.

Der Wertewandel ist nicht nur möglich, sondern liegt in der persönlichen Verantwortung jedes Menschen.

Erstes Beispiel: Die Neuvermessung der Freiheit

Lassen Sie mich das an einem ersten Beispiel erklären. Es ist eines aus meinem persönlichen Leben. und dreht sich um den vielleicht wichtigsten oder zumindest den unwidersprochensten aller Grundwerte in unserer Gesellschaft. Es ist die: FREIHEIT!

Auf den ersten Blick werden wohl die meisten zustimmen, dass die Freiheit einer der wichtigsten Werte in unserem Kulturkreis ist. Verändert sie sich? Intuitiv neigen wir dazu zu denken: „Auf keinen Fall!“ „Die Freiheit der Person ist unverletzlich“, sagt Artikel 2 des Grundgesetzes für die Bundesrepublik Deutschland. Kann sich das „Freisein“ verändern? Nein!

Doch.

Ich kann mich sehr genau an jenen Tag erinnern, an dem ich erstmals verstand, was Freiheit wirklich heißt. Es war im Januar 1988. Ich war gerade 15 Jahre alt geworden. An jenem Abend saß ich vor dem Fernseher und schaute Westnachrichten. Das war freilich verboten im damaligen Ostdeutschland, aber dennoch geduldet. Ich sah in der „Tagesschau“ Zehntausende Ostberliner für den Sozialismus demonstrieren. Es war die traditionsreiche Liebknecht-Luxemburg-Demonstration, bei der die DDR-

Staatsführung alljährlich am zweiten Januarwochenende an jene Freiheitskämpfer erinnerte, die bei ihrem Kampf um eine bessere Welt ermordet wurden. Im realsozialistischen Alltag war das damals „business as usual“.

Ich war auf jener Seite der Mauer aufgewachsen, auf der die persönliche Freiheit einen anderen Stellenwert hatte. In der Theorie stand sie hinter der Gemeinschaft des Kollektivs zurück. In der Realität stand sie noch weiter hinter der verworrenen Gedankenwelt eines alterssenilen Politbüros.

Doch dann schwenkte die Kamera auf ein Plakat: „Freiheit ist immer die Freiheit der Andersdenkenden“ stand darauf. Es war ein Zitat von Rosa Luxemburg. Jene ermordete Kommunistin und Arbeiterführerin, der gerade mit großem Pomp von SED und Politbüro gedacht wurde, hatte einst diesen klugen Satz geschrieben. Das Plakat wurde nur Sekunden später durch Stasiaufseher eingeholt, die Träger wurden verhaftet und verurteilt.

Es war dieser winzige Moment vor dem Fernseher, der mir und vielen meiner gleichaltrigen Freunde bewusst machte, dass die Realität dieses Sozialismus diametral jenen Zielen entgegenstand, für die jene Menschen ihr Leben gelassen hatten, die wir so euphorisch feierten. In diesem Moment verstand ich: „Freiheit ist immer die Freiheit der Andersdenkenden!“

Dies war auch in der westlichen, „freien“ Welt über viele Jahrzehnte das Grundkonzept der Freiheit: „Jeder hat das Recht auf die freie Entfaltung seiner Persönlichkeit, soweit er nicht die Rechte anderer verletzt ...“ sagt das Grundgesetz und sichert weitreichende Rechte, auch für Minderheiten. Die Freiheit, die wir bisher gekannt haben, besteht in der größtmöglichen Wahlfreiheit: Wir sind frei, zu sagen, was wir wollen, zu wählen, welche Partei wir wollen, zu kaufen, welches Auto wir wollen.

Freiheit ist nicht gleich Freiheit

Was sollte sich daran verändern, ausgerechnet heute, 20 Jahre nachdem auch der deutsche Osten die Freiheit erlangt hat und meine eigene Tochter sich zum Glück nicht an einen einzigen Tag in Unfreiheit erinnern kann?

Ich habe die Antwort erst vor wenigen Tagen gefunden. Es war während der Strategietagung des Vorstands eines großen deutschen Handelskonzerns. Wie so oft war ich eingeladen, vor den Vorständen einen Vortrag über Geschäftsmodelle der Zukunft zu halten und mit ihnen über ihre künftige Strategie zu diskutieren. Ich erklärte ihnen, dass wir uns in einem tiefgehenden Wertewandel befänden.

Einer der Vorstände erwiderte unwirsch, dass das Unsinn sei. Der größte Wert seines Unternehmens sei die Freiheit und was sie darunter verstehen, sei unveränderbar und ewig: Sein Unternehmen verstehe seine Kunden als mündige Konsumenten, die im liberalisierten Markt souverän zwischen verschiedenen Marken, Preisklassen und Qualitätssegmenten wählen könnten. Sein Unternehmen werde gebraucht, da es jene Infrastruktur besitze, die den Konsumenten die freie Wahl ermöglichte. Es war eine tolle Rede! Einige applaudierten. Das Problem ist: Er irrt!

Die höchste Form von Freiheit: Nicht wählen zu müssen!

Seine Aussage wäre vor 60 Jahren richtig gewesen. Doch der Wert der Freiheit hat sich seitdem verändert. Heute hat er ein zentrales Element von Freiheit einfach vergessen. Denn neben der Möglichkeit zur Wahl gehört zur Freiheit ebenso, dass es keinen Zwang zur Wahl gibt. In der Demokratie bedeutet Freiheit nicht nur, dass wir als Wähler unser Kreuz bei einer Partei machen können. Sondern die Möglichkeit kein Kreuz zu vergeben, also nicht zu wählen, ist ein ebenso wichtiger Teil der Freiheit. Die Freiheit nicht nutzen zu müssen, ist vielleicht die höchste Form der Freiheit.

Interessanterweise funktioniert bei den Kunden des irrenden Vorstands die Freiheit genauso wie in der Gesellschaft. In freien, liberalisierten Branchen mit einer Vielzahl von Produkten, Preisen und Marken steigt die Neigung der Kunden, sich nicht an eine einzige Marke zu binden. Zeitungsverlage und TV-Sender können genauso ein Lied davon singen wie der Versandhandel und die Musikindustrie. Auch die Automobilbranche sieht sich mehr und mehr jungen Kunden gegenüber, die kein eigenes Auto mehr kaufen wollen. Stattdessen nutzen sie intelligente Carsharing-Konzepte und switchen nach Lust und Laune von einem Auto zum nächsten.

Freiheit verändert ihre Gestalt

Hier tritt die Wahrheit hinter der anscheinend so unveränderlichen Freiheit zutage: Solange „Andersdenkende“ keine Wahlmöglichkeit haben, verstehen wir es als

Freiheit, diese mit Wahlmöglichkeiten zu versehen. In der Wirtschaft entstehen dann die besten Geschäftsmodelle durch die Deregulierung von Branchen und das Auflösen von Monopolen. Dies ist die Zeit der großen und kleinen Marken, die Identifikationsfläche für „Andersdenkende" bieten.

Doch nachdem die Wahlfreiheit zur Selbstverständlichkeit geworden ist, verändert die Freiheit ihre Gestalt. Dann wird statt einer dauerhaften Festlegung auf eine Partei oder ein Produkt die permanente und adaptive Wechselmöglichkeit oder gar die Verweigerung der Wahl und des Konsums zur Freiheit. Die Folge in der Wirtschaft ist der langsame Niedergang von starren und unbeweglichen Marken. Dies führt zur Entwicklung adaptiver Produkte und Services, die sich sowohl individuell an den Nutzer als auch situativ an den Moment der Nutzung anpassen.

Es klingt erstaunlich. Der Begriff der Freiheit ist den Bürgern und Kunden nach wie vor genauso wichtig. Aber unsere Freiheit hat über die letzten Jahre ihre Gestalt verändert: Das politische und wirtschaftliche „Nicht-Wählen" ist keinesfalls ein Übel, sondern es ist einer der höchsten Freiheitsgrade in unserer Gesellschaft.

Die historische Logik ist dabei sehr simpel: Je jünger und verletzlicher die Gesellschaft und ihre Freiheit sind, desto wichtiger ist den Menschen die Möglichkeit der Wahl. Je älter aber die Gesellschaft und je selbstverständlicher die Freiheit ist, desto wichtiger wird die Möglichkeit der Nichtwahl.

Wer Freiheit falsch misst, der verliert

Die Konsequenz dieses Wertewandels für Führungskräfte und Entscheidungsträger in Wirtschaft, Politik und Gesellschaft ist enorm. Um es klar zu sagen: Freiheit ist nach wie vor für Bürger und Kunden der wichtigste Wert. Äußerlich hat sich nichts verändert. Aber die „innere Struktur" der Freiheit hat sich gewandelt. Der Maßstab, mit dem sie von Bürgern und Kunden gemessen wird.

Wer diesen Wertewandel nach wie vor nicht erkennt, der bekommt ernsthafte Probleme. Denn er versteht die Bedürfnisse seiner Kunden, seiner Wähler, seiner Mitmenschen nicht. Wer den Wert der Freiheit nach wie vor mit den alten Maßstäben der Nachkriegszeit misst, der wird in der Politik eine hohe Wahlbeteiligung und eine hohe Stammwählerschaft der einzelnen Parteien erwarten. In der Wirtschaft wird er voraussetzen, dass die Kunden eine starke Markenloyalität haben und sich danach sehnen, Stammkunden zu sein.

Diese Wert-Messungen mit veralteten Maßstäben gibt es tatsächlich nach wie vor. In der Politik sieht man sie am besten, wenn bei bevorstehenden Wahlen Nichtwähler regelmäßig von Politik und Medien zu Bürgern zweiter Klasse erklärt werden. Obwohl sie inzwischen fast immer die stärkste Wählergruppe sind! In der Wirtschaft sind die Umsatzverluste des zitierten Vorstands das beste Beispiel: Wer seine Strategien nach wie vor auf den Aufbau von Kundenloyalität und Stammkundschaft im Massenmarkt fokussiert, der hat nicht verstanden, dass seine Kunden den Wert der Freiheit inzwischen anders messen.

Machtfrage: Die vermeintliche Renaissance der Werte

Bitte verstehen Sie mich nicht falsch! Niemand ist gezwungen, die von uns beschriebene Massendefinition der Freiheit der westlichen Welt zu teilen. Neben der Definition der Freiheit als „frei sein von individueller Abhängigkeit" gibt es noch weitere Freiheitsbegriffe. Doch darum geht es hier nicht. Ich wollte Ihnen mit diesem kleinen Beispiel nicht meinen Freiheitsbegriff aufdrängen. Ich wollte Ihnen nur beispielhaft zeigen, dass sich die „innere Struktur" dieses Wertes gerade verändert.

Falls Sie diesen Gedanken des möglichen Wandels der inneren Struktur der Werte mitverfolgen, dann werden Sie unweigerlich zu einer entscheidenden Frage gelangen: Warum wird die Wertedebatte in der Gesellschaft nicht konstruktiv und nach vorne gerichtet geführt? Warum diskutieren wir nicht offensiv, was wir künftig unter diesem und jenem Wert verstehen wollen? Warum beklagen wir stattdessen lautstark den Verfall, obwohl der Wandel doch offensichtlich normal ist?

Die Antwort ist eine Melange aus bedrohter Macht und lähmender Unsicherheit, die den Hintergrund der aktuellen Wertedebatte ausmacht. Lassen Sie uns schauen, wer diejenigen sind, die den Werteverfall am lautesten beklagen. Es ist die „Generation Spitzer und Schirrmacher“, die etablierten Journalisten und Forscher, Manager und Politiker jenseits der 50, die aktuell die Themen in Medien, Wirtschaft und Politik in Deutschland bestimmen. Es sind diejenigen, die mit ihren Beziehungen und Abhängigkeiten, mit ihren Regeln und Maßstäben, mit ihrem Controlling und ihren Sanktionen darüber bestimmen, was „gut“ und „richtig“ ist. Sie haben guten Grund, laut über den angeblichen Werteverfall zu klagen. Insgeheim hoffen sie, dass sie durch die Wertedebatte den neuen Dingen ihre alten Regeln überstülpen können und im besten Fall verhindern, dass die Entwicklung kommt, wie sie kommt. Mit der Debatte über den Werteverfall stabilisieren sie ihre Deutungshoheit über die Welt … vielleicht noch einige Tage länger.

Doch es sind nicht nur die Mächtigen, die Angst vor dem Bedeutungsverlust haben. Es ist gleichzeitig jene Generation der „Babyboomer“, die – geboren in den Fünfzigern und Sechzigern – ihr bisheriges Leben als planbar und voraussehbar wahrgenommen hat und nun erkennt, dass diese Prognosefähigkeit verloren geht. 1986 hatte der durchschnittliche Arbeitnehmer noch 76 Prozenz des Wissens, das sein Job erforderte, in seinem Kopf abgespeichert. Heute sind es nur noch 10 Prozent. Erst verschwand der Rechenschieber, dann Schreibmaschine und Schallplatte, kurz darauf der Liebesbrief, später die Telefonzelle und die schöne Handschrift. In Kürze könnten auf dieser Liste Faxgeräte, Festnetztelefone und gedruckte Bücher folgen. Und selbst der PC steht schon auf der Todesliste der Digitalisierung. Mit den Geräten gehen auch ihre Jobs: die Buchdrucker, die Immobilienmakler, die Reiseverkäufer, Taxizentralen und, und, und ...

Sie werden verdrängt von neuen Geräten und modernen Jobs, von denen noch niemand weiß, wie sie wirklich aussehen werden. Wir, die betroffenen Menschen, empfinden diese neue Unprognostizierbarkeit als Unsicherheit. Der drohende Kontrollverlust schürt bei uns die Sehnsucht nach jenen guten alten Werten, die unsere Welt anscheinend noch in den Angeln halten. Wir sind jene Generation, die es bisher nicht geschafft hat, parallel zu den neuen Technologien, den neuen demographischen Entwicklungen und der neuen Geopolitik auch unsere Wertvorstellungen so verständlich anzupassen, dass klare und lebenswerte Zukunftsbilder für die Generation unserer Kinder entstehen.

Aus Sicht des Fortschritts der Gesellschaft ist das ein normales Prozedere. Diese gedankliche Unfähigkeit kennen wir bereits, „business as usual" könnte man sagen. Erinnern wir uns an Lessing, die Aufklärung und deren Aha-Effekt beim Erkennen, dass die Welt doch nicht so ist wie bisher gedacht. Doch genau wie damals wird auch heute unsere Angst den Fortschritt der Welt nicht aufhalten!

Das ist natürlich unser Problem, nicht das der Jugend. Mit der populären Debatte über den Werteverfall versuchen wir, das Problem den Kindern in die Schuhe zu schieben. Doch damit werden wir nicht verhindern, dass unsere Generation eines nahen Tages am Scheideweg steht. Dieser heißt: Anpassung oder Kontrollverlust.

Doch die aktuelle Wertedebatte wird am Thema vorbei geführt. Den apokalyptischen Werteverfall bei der Jugend gibt es nicht. Die Wahrheit ist: Die Namen der Werte bleiben die gleichen, doch was wir darunter verstehen, verändert sich rapide. Um die gleichen Werte zu erreichen, muss man heute anders handeln als früher!

Jeder Einzelne von uns hat dazu die persönliche Wahl. Kaum einer wird im Privaten oder am Stammtisch gezwungen werden, seine Wertvorstellungen an eine neue Zeit anzupassen. Es wird für viele verkraftbar scheinen, sich von der gesellschaftlichen Entwicklung abzukoppeln und ihre eigene Identität im Lamentieren zu suchen.

Werte in Unternehmen

Für die Wirtschaft jedoch ist dies eine tückische Wahl. Denn Bedeutungsverlust führt hier oft zugleich in den Bankrott. Eine Fehleinschätzung ist gefährlich für das Geschäft! Denn nahezu alle DAX-Konzerne und auch viele mittelständische Unternehmen haben ihren Managern in den vergangenen Jahren eine Kultur der „werteorientierten Führung" verpasst. Damit bekommen Werte direkten Einfluss auf die strategische Führung in den Unternehmen. Das klingt gut! Ist es auch. Und doch birgt es eine große Gefahr: Denn wenn unsere Führungskräfte den rasanten Wertewandel unserer Zeit nicht verstehen, dann verstehen sie auch ihre Mitarbeiter und Kunden nicht mehr. Urplötzlich wird aus der akademischen Elfenbeinturmdebatte die Frage von Umsatz, Gewinn oder Verlust.

Dies ist keine neue Erkenntnis. Die selbst ernannte Wertekommission[5] zum Beispiel propagiert in Deutschland diese wertorientierte Führung seit vielen Jahren und stellt in ihren Studien immer wieder fest, dass belastbare und glaubwürdige Wertesysteme einen bedeutenden Beitrag zum dauerhaften Unternehmenserfolg leisten, wenn sie konkret auf Geschäftsfeldstrategien, Zielvorgaben und Incentivierungssysteme der Führungskräfte angewendet werden.

Dabei ist die Definition der Grundwerte von Unternehmen zu Unternehmen sehr verschieden. Einige Beispiele: „Zuverlässigkeit, Innovation, Dynamik und Offenheit“ sind die Grundwerte bei MAN. „Integrität, Mut, Offenheit für Veränderungen, Fairness und gesellschaftliche Verantwortung“ propagiert der Stromriese EON. Ein anderer Energiekonzern, Entelios, erklärt „starke Beziehungen, Nachhaltigkeit, Dringlichkeit, Synergien, Wachstum, Integrität und Leidenschaft“ zu Grundwerten. Bei Douglas heißt es: „Kundenbegeisterung, Mitarbeiterorientierung, unternehmerisches Handeln, Innovation und Nachhaltigkeit“. Der Axel-Springer-Verlag verpflichtet seine Manager zu „Kreativität, Unternehmertum und Integrität“. Bei der Deutschen Börse sind es „Integrität, Präzision, Zuverlässigkeit, Innovationskraft, Kundenorientierung“. Und beim internationalen Telekommunikationskonzern Telefonica: „Vision, Talent, Engagement und Stärke“.

So unterschiedlich sich die selbst gewählte Relevanz der Werte für all diese Unternehmen auch lesen, es gibt doch große Parallelen. In den jährlichen Führungskräftebefragungen der Wertekommission[6] treten jene Grundwerte zutage, die für die meisten der befragten Unternehmen die größte Relevanz haben. Für dieses Buch haben wir uns genau mit diesen Grundwerten beschäftigt. Die in den folgenden Kapiteln behandelten sechs Wertekategorien haben wir ausgewählt, weil sie von den Führungskräften der Unternehmen in den vergangenen Jahren als wichtigste Unternehmenswerte angesehen wurden.

Wir nehmen diese Werte exemplarisch, um an ihnen den oft verkannten Kern der Wertedebatte zu demonstrieren: Die Beständigkeit des „Werteziels“ bei gleichzeitigem Wandel der inneren „Wertestruktur“ und der Maßstäbe zur Messung. Wir laden Sie ein, anhand unserer Beispiele diese Übersetzung auch für Ihre wichtigsten Grundwerte nachzumachen. Dies liegt in Ihrer Verantwortung.

Die Neuvermessung von Nähe & Kundenorientierung

Lassen Sie uns unseren Übersetzungsversuch der wichtigsten Grundwerte von Unternehmen mit einer Wertvorstellung starten, die seit Jahrzehnten in jeder Branche als Voraussetzung für eine prosperierende Unternehmensentwicklung gepriesen wird. Zurecht! Es geht um die „Nähe zum Kunden" und die „Kundenorientierung". Was haben zukunftsorientierte Topmanager und ihre Berater für Kämpfe ausgefochten, um den Fokus ihrer Führungskräfte zu verändern. Von Produktproduzenten und Lieferanten sollten die Unternehmen zu Serviceanbietern und Dienstleistern werden. Das klingt einfacher, als es ist.

Denn wenn plötzlich nicht mehr ein Massenprodukt im Zentrum des Geschäftsmodells steht, sondern der individuelle Kunde, verändern sich die Prozesse über die gesamte Wertschöpfungskette. Von Konzeption über Produktion, von Marketing bis Kundendialog, von Vertrieb bis After-Sales-Management: In allen Geschäftsfeldern rückt die Nähe zum Kunden in den Hauptfokus des Unternehmens. Kein Wunder, dass viele Unternehmen denken, inzwischen sehr gut darin zu sein. Doch die meisten machen einen entscheidenden Fehler. Sie messen die Nähe falsch.

„Gut, dass wenigstens bei uns die alten Grundwerte noch gelten“, hat mir neulich ein Vorstand einer großen Sparkasse in einer Zukunftsstrategieklausur geantwortet. Auf meine Frage, was denn diese Grundwerte seien, antwortete er wie aus der Pistole geschossen: „Nähe, Vertrauen, Sicherheit!“ An dieser Stelle ahnte ich schon, was kommen würde. Ich begann zaghaft mit der Frage: „Wie messen Sie denn diese Nähe?“ Die Frage kannte er noch nicht. Ein paar Sekunden rang er nach einer Antwort. Schließlich hellte sich sein Gesicht auf und er antwortete im Brustton der Überzeugung: „Niemand hat so viele Filialen wie wir. Wir sind überall ganz nah beim Kunden.“ Ich konnte mir ein Schmunzeln nicht verkneifen: „Dann messen Sie Nähe also immer noch in Metern?“

Ich wollte nicht altklug klingen. Aber nirgends wird der verborgene Kern der Wertedebatte deutlicher als hier. Denn es geht nicht um die Frage, ob Kundennähe künftig wichtig ist oder nicht. Es gibt den angeblichen Werteverfall nicht. Nähe bleibt selbstverständlich ein wesentlicher Wert. Aber dennoch verändert sich alles.

Lassen Sie mich das erklären: In der Wissenschaft wird die Nähe über den Raumbegriff definiert. Das Interessante dabei: Es gibt nicht nur einen Raumbegriff. Sondern es gibt mehrere. Einer davon ist der physikalische Raum. Das ist der Raum, der sich zwischen den Wänden Ihres Zimmers befindet. Wir messen diesen Raum in (Kubik-) Metern. Entsprechend haben wir uns angewöhnt, auch den Wert der Nähe zum Kunden in Metern zu messen. Die Strategien der Unternehmen waren klar: Möglichst viele Filialen, möglichst oft einen direkten Face-to-Face-

Kontakt zwischen Beratern und Kunden. So wurde Nähe gemessen.

Doch dies ist falsch. „Nähe" wird schon heute nicht mehr in Metern gemessen. Und genau genommen ist das nichts Neues. Die Wissenschaft kennt seit jeher auch andere Definitionen des Raumes, zum Beispiel den relationalen Raum. Hier wird Nähe in Zuneigung und Zusammengehörigkeit, also der Qualität der Beziehung zueinander gemessen. Hier geht es also um das Mindset der Menschen. Dies ist mit einem einfachen Beispiel zu erklären: Denken Sie bitte kurz an die Städte Frankfurt, Wiesbaden und London. In Metern gemessen sind Frankfurt und Wiesbaden einander natürlich am nächsten. Vom Lebensgefühl der Stadt her und vom prägenden Mindset der Manager in den Wolkenkratzern liegen aber Frankfurt und London viel näher beieinander.

Eine der zentralen Auswirkungen der um sich greifenden Digitalisierung unserer Welt ist, dass die relationale Nähe künftig wichtiger sein wird als die physische. Warum? Weil der Idealzustand der Nähe die Situation eines vertrauensvollen, individuellen 1:1-Gesprächs ist. Solange dies ausschließlich durch persönliche Treffen in den Filialen hergestellt werden konnte, war die physische Nähe ein Hilfskonstrukt zur Messung der echten, relationalen Nähe. Doch seit durch unsere Smartphones die „reale Welt" und die „Internetwelt" immer mehr verschmelzen, haben wir permanent und an jedem Ort die Möglichkeit in der Hand, relationale Nähe herzustellen.

Für unseren Sparkassenvorstand bedeutet das: „Nähe" und „Kundenorientierung" bleiben für sein Geschäftsmodell genauso wichtig. Aber er wird sie künftig nicht mehr mit Filialen herstellen und messen. Stattdessen wird er permanent auf den Displays seiner Kunden verfügbar sein, jederzeit ihre Bedürfnisse beobachten, analysieren und proaktiv erfüllen. Dies macht die wahre Nähe zwischen Kunden und Beratern aus, messbar vor allem in der Qualität der digitalen Kommunikation.

Unser Sparkassenvorstand wird diesen Wertewandel in all seinen Abteilungen erklären müssen. Denn überall sorgt die Neuvermessung von Nähe und Kundenorientierung für neue Handlungsweisen und -ziele. Künftig wird sein Haus nicht mehr versuchen, die Aufmerksamkeit der Kunden auf seine Produkte zu ziehen, sondern darauf, jedem einzelnen Kunden Anerkennung zu geben. Die alte „Ökonomie der Aufmerksamkeit" wird abgelöst durch eine „Ökonomie der Anerkennung". Er wird auf den digitalen Kanälen jedem einzelnen Kunden möglichst genau zuhören und danach streben, jeden Kunden mit einem passenden individuellen Produkt zu überraschen.

Es ist höchst wahrscheinlich, dass eines Tages die millionenfache Anzahl der digital ermittelten Kundenwünsche und deren Umsetzung in Produktvarianten eine Messgröße und ein Maßstab für „Nähe" sein werden. Unser Vorstand kann messen wie bisher. Kein Problem. Er muss nur ein anderes Messinstrument verwenden.

Die Digitalisierung der Nähe

Tim von Törne

Tim von Törne ist einer der exponiertesten Experten der deutschen E-Commerce-Szene. Als Mitgründer und CEO brachte er Online- und Mobile-Startups wie EDICT Gaming und cellity AG zum erfolgreichen Exit. Als CEO startete er den Neuaufbau der Marke QUELLE für die OTTO Group, als General Manager verantwortete er das Deutschland/Österreich/Schweiz-Geschäft bei Skype. Als Strategieberater begleitete er mehrere Markteinführungen von Mobilfunkanbietern in europäischen Ländern. Er ist Diplom-Kaufmann der Universität Bamberg und erwarb einen MBA im Gemeinschaftsprogramm der Kellogg School of Management (USA) und der Wissenschaftlichen Hochschule für Unternehmensführung (WHU) Vallendar.

Eine Gasse eines traditionellen orientalischen Marktes: Vor den einzelnen Läden stehen und hängen bunte Plastikwaren, Benzinkanister, dreiteilige Schüsselsets, kleine Gießkannen und Messbecher. Die meisten Produkte gehören bei allen Händlern der Gasse zum Angebot. Die Preise der Topseller unterscheiden sich von Laden zu Laden kaum, der Benzinkanister etwa kostet überall gleich viel. Trotzdem betritt kein Kunde hier wahllos den räumlich am nächsten gelegenen Laden, stattdessen steuert jeder den Händler seiner Wahl an.

An dieser Stelle ist die Frage berechtigt, was der Plastikwaren-Einzelhandel im Mittleren Osten mit den Entwicklungen der Digitalisierung zu tun hat. Die Antwort lautet: vom Grundprinzip her sehr viel. Orientalische Märkte basieren seit jeher auf dem Prinzip von Vergleichbarkeit für den Endkunden. Einzelne

Warengruppen sind in bestimmten Marktbereichen konzentriert: Stoffhändler sitzen neben Stoffhändlern, Gewürzhändler neben Gewürzhändlern. Die Bandbreite des Wettbewerbs ist für den Endkunden zentral und schnell erfassbar.

Das Prinzip der Vergleichbarkeit ist auch ein zentraler Parameter des E-Commerce. Online-Preisvergleiche und selbst eine einfache Suche zeigen dem Endkunden – zumindest bei Massenware – in der Regel mehrere Anbieter ein und desselben Produkts. Oft mit ähnlichem Preis, gleicher Lieferzeit, nahezu identischer Produktbeschreibung inklusive Fotos. Rein praktisch spielt räumliche Nähe hier keine Rolle, und es macht keinen Unterschied, ob der Versender der kleine Laden von nebenan ist oder ein Global Player mit Hauptsitz in den USA, der die Bestellung über das nächstgelegene Versandzentrum abwickelt – Hauptsache, das Bestellte ist möglichst bald „da".

Dass bei zunehmender Vergleichbarkeit des Angebots andere Faktoren als Verfügbarkeit und Preis im Wettbewerb stark an Relevanz gewinnen, liegt auf der Hand. Die Entscheidung zwischen nahezu identischen Angeboten macht letztendlich die persönliche Präferenz aus – die „emotionale Kundenbindung sei entscheidend" befindet eine aktuelle Studie zum Thema[7].

Das Ziel unternehmerischen Handels muss also sein, langfristige Kundenbeziehungen aufzubauen – also nah am Kunden zu sein. Nur so entsteht bei wachsender Vergleichbarkeit ein ökonomischer Wert. Dabei hat sich durch die Digitalisierung die Bedeutung von „Nähe" jedoch grundlegend gewandelt. Auf verschiedenen Ebenen sind unterschiedliche Dimensionen von Nähe feststellbar:

Optimierung und Omnipräsenz

Dass die wichtigsten zentralen Anlaufpunkte der Deutschen für Informationen und Konsumprodukte eines Tages aus den USA gesteuert würden, hätten vor zwanzig Jahren vermutlich nicht einmal Verschwörungstheoretiker vermutet. Trotzdem lässt sich heute mit den Stichworten Amazon, Google, eBay und Facebook ein wichtiger Teil des Informations- und Einkaufsverhaltens vieler Deutscher beschreiben. Diese Unternehmen sind – ohne eine einzige Filiale – online und „real" sehr präsent und somit räumlich „nahe": Jeder vorbeieilende Paketbote schiebt mindestens zwei Amazon-Pakete vor sich her, „googeln" gehört zum Standardwortschatz und selbst Müsliriegel verweisen auf den eigenen Facebook-Auftritt.

Die unmittelbarste Form von Nähe – das persönliche Gespräch zwischen Mitarbeitern und Kunden – ist hingegen bei den großen E-Commerce-Playern nicht vorgesehen und findet erst ab einer bestimmten Eskalationsstufe vom Kunden initiiert statt. Stattdessen sind die Prozesse so optimiert, dass direkt mit dem Kauf verbundene – und somit vergleichbare – Kundenbedürfnisse zufriedengestellt werden und kein „Redebedarf" beim Kunden entsteht: Produktvielfalt, vergleichbare Preise, einfache Bestellprozesse, prompte Lieferung, Kulanz bei Retouren. Kundenorientierung heißt hier, die Erfüllung primärer, mit dem Kauf verbundener Bedürfnisse immer weiter zu optimieren. Eine gefühlte Nähe beim Endkunden entsteht durch eine Art Omnipräsenz, aber ohne jeglichen lokalen Bezug.

Digitale Vermittlung emotionaler Produkte

Während beim Onlineeinkauf von Massenprodukten die Näheaspekte und auch die Kundenorientierung technikbasiert, oberflächlich und unverbindlich bleiben, verändert die Digitalisierung auch Bereiche, in denen eine starke Vergleichbarkeit der eigentlichen Produkte fehlt.

Das Prinzip Flohmarkt etwa steht traditionell eher für ein soziales Ereignis als für den Erwerb von benötigten Produkten. Hier geht es ums Entdecken, Stöbern, Feilschen, Nachfragen, dem Erfahren der Geschichte hinter einem Produkt – was auf den ersten Blick dem digitalen Prinzip von Schnelligkeit und Informationsreduktion widerspricht. Trotzdem ist mit eBay der größte digitale Flohmarkt weltweit und auch in Deutschland enorm erfolgreich. 16 Millionen aktive Nutzer habe man in Deutschland, die durchschnittliche monatliche Nutzungsdauer liege bei 1,41 Stunden[8], gibt das Unternehmen an.

Auch Transaktionen in sehr privaten Lebensbereichen wie die Partner- oder Wohnungssuche funktionieren digital: Wer in einer deutschen Großstadt eine Wohnung sucht, kann dies von überall auf der Welt aus tun. Darüber hinaus kann man sich über Plattformen wie airbnb auf bestimmte Zeit und von heute auf morgen innerhalb weniger Tage in die Gästezimmer zuvor völlig fremder Menschen am anderen Ende der Welt einbuchen.

Neben der reinen Vermittlungsdienstleistung werden digital auch erfolgreich emotionale und soziale Erlebnisse – oder teilweise sogar menschliche Nähe – bestellt und „geliefert"; inklusive genauer Spielregeln des Netzes, also zumindest innerhalb der Rahmenbedingungen von schriftlicher „Kennenlern- und Abtast-

Kommunikation“ sowie dem Geltungsbereich der jeweiligen AGBs.

Hierbei spielen auch andere Kundenbedürfnisse als der Wunsch nach einer schnellen, reibungslosen Kaufabwicklung eine Rolle, und die Unternehmen müssen diese bedienen: Wer ein Radio aus den Fünfzigerjahren „braucht“, nimmt dafür vielleicht in Kauf, dieses am anderen Ende der Republik abzuholen. Den Partner fürs Leben sucht man nicht unbedingt beim billigsten Anbieter, sondern bei einem, dem man vertraut. Die Wohnungssuche endet in der Regel nicht mit einem Objekt mit exakt der gewünschten Quadratmeterzahl zum Wunschpreis im Wunschgebiet. Stattdessen muss das Gesamtpaket stimmen. Dazu gehört das Vertrauen als Kunde, sensible Lebensbereiche und -daten für ein Unternehmen zu öffnen – Unternehmen mit diesem Anspruch müssen auf diese Form der Kundenbedürfnisse glaubhafte Antworten haben.

Emotionalisierung der Kommunikation

Direkte Nähe zwischen Kunden und Unternehmen entsteht in der digitalen Wirtschaft kaum – in der Regel steht kein unzufriedener Kunde mit defekter Ware vor dem Eingang des anbietenden oder vermittelnden Unternehmens, sondern schickt eine erboste E-Mail und ein Paket mit Retourenschein.

Traditionell bediente sich die von Unternehmen ausgehende Kundenkommunikation massenkompatibler Formate mit hohem Produktanteil, wie zum Beispiel Werbeprospekte. Während man in vielen Unternehmens-

Newslettern durchaus die – teilweise personalisierte – digitale Weiterführung des Werbeprospekts ohne Druckkosten sehen kann, geht die digitale Entwicklung von Kundenbeziehungen bei vielen Unternehmen auch in eine andere Richtung: Der Bereich Social Media wächst. Social-Media-Manager, ein Beruf, den man oft schon den eigenen Eltern kaum erklären kann, werden überall eifrig gesucht – mit dem Ziel, den Kunden dadurch zu binden, was durch die Digitalisierung wegfällt: den persönlichen Austausch beziehungsweise die persönliche Nähe. Und wenn Coca Cola auf Facebook fragt: „Das beste Coke meines Lebens hatte ich ...", antworten immerhin 338 Menschen meist mit persönlichen Erlebnissen, etwa mit „Petritag -- bei Mutti Jensen, 0,25er Flasche noch mit echtem Strohhalm"[9]. Immerhin haben oder hatten weltweit 80,138,698[10] Menschen das Bedürfnis, ihre Nähe zur Getränkemarke offen in Form von „Likes" kundzutun. Neben weltweiten Marken wie Coca Cola haben jedoch selbst Dorfbäckereien und Handwerksbetriebe Facebook für sich entdeckt – mit sehr unterschiedlichem Erfolg. Das Prinzip aktive, direkte Kommunikation über Social Media, also das Suchen von persönlicher Nähe zum Kunden, ist in gewisser Weise die Umkehr der Strategie der Vermeidung des persönlichen Kontakts durch Automatisierung und Optimierung.

Sorgsam abzuwägen ist dabei, ob das Bedürfnis der eigenen Zielgruppe, mit dem Unternehmen in Kontakt zu treten beziehungsweise im Idealfall aktiv auf der eigenen Timeline positiv über das Unternehmen zu posten, so groß ist, dass es den Aufwand und die kommunikative Öffnung rechtfertigt. Denn auf der anderen Seite der Waagschale liegen wesentliche Fragen:

Wollen Sie permanent ansprechbar sein? Wie persönlich wollen sich das Unternehmen und zwangsläufig auch die entsprechenden Mitarbeiter geben? Ist das Unternehmen bereit, gegebenenfalls öffentlich angeprangerte Unternehmenspraktiken zu ändern? Und: Wie geht das Unternehmen öffentlich mit unzufriedenen Kunden um, die die digitale „Shitstorm-Keule“ erheben, um eigene Interessen durchzusetzen oder zumindest mit einem Gutschein befriedet zu werden?

Die Kundenbedürfnisse bewegen sich also in einem Spannungsfeld aus dem eigenen Geschäftsmodell sowie den Ansprüchen und kommunikativen Präferenzen der eigenen Zielgruppe, wobei die Orientierung an diesen Bedürfnissen maßgeblich für unternehmerischen Erfolg ist.

Das gilt einerseits für Faktoren, die der Vergleichbarkeit unterliegen, wie Preis und Lieferbedingungen, und anderseits für jene, die sich von eben dieser Vergleichbarkeit abheben – durch das eigene Angebot oder durch die Vermittlung von Emotionen. Dabei gilt: Das eigene Näheverständnis muss dem der Zielgruppe entsprechen und Bedürfnisse nach Sicherheit, Transparenz, Erreichbarkeit, Erwartbarkeit, zusätzlichen Serviceleistungen und persönlicher Ansprache berücksichtigen.

Der Begriff „Nähe“ differenziert sich durch die wachsende Unabhängigkeit von Tageszeit und Aufenthaltsort immer stärker – eine solitäre Nähe mit starkem Bezug zur räumlichen Nähe – und hat in vielen Konsumbereichen beziehungsweise für viele Kunden kaum noch Relevanz. Nähe muss also auf anderen Ebenen entstehen – je nach Geschäftsmodell und Zielgruppe.

Wer es nicht schafft, eine für das eigene System adäquate Form von Nähe zu schaffen, wird unternehmerisch keinen Erfolg haben – maßgeblich ist dabei das Nähebedürfnis der eigenen Zielgruppe, die es sich lohnt gut zu kennen. Die schablonenhafte Unterscheidung zwischen Digital Natives und Digital Immigrants als Maßgabe, wer worauf Wert legt, greift hier allerdings zu kurz.

Denn: Dass auch Digital Natives manchmal das Bedürfnis nach räumlicher Nähe überkommt, zeigte sich beispielsweise, als in Hamburg der Onlineversender Cyberport – vorher nur online verfügbar – die Pforten zum stationären Handel öffnete. In den Warteschlangen trafen sich zahlreiche Vertreter der digitalen Wirtschaft zur Mittagspause.

Auf Augenhöhe mit den Kunden gehen

Thorsten Dirks

Thorsten Dirks ist als CEO der E-Plus Gruppe einer der wichtigsten Köpfe des deutschen Mobilfunkmarktes. Seit 1996 hatte er bei Deutschlands drittgrößten Mobilfunkanbieter unter anderem die Verantwortung für die Bereiche Innovation, Netz und IT. Er hat maßgeblich die Mehrmarkenstrategie mit Angeboten wie simyo, BASE und AY YILDIZ vorangetrieben. Seit Januar 2007 ist Dirks Vorsitzender der Geschäftsführung der E-Plus Gruppe und seit 2011 zusätzlich bei der E-Plus Muttergesellschaft KPN im Vorstand für das internationale Mobilfunkgeschäft verantwortlich.

„E-Plus. So nah, als wär' man da." Ende der Neunzigerjahre war das mal der Slogan von E-Plus. Seinerzeit bezog sich das auf die hohe Sprachqualität, die wir durch eine technische Neuerung in unserem Netz erreicht hatten. Der Gesprächspartner war im besten Falle so gut zu verstehen, als stünde er direkt neben einem und nicht am anderen Ende der Republik. Damals war das noch nicht unbedingt selbstverständlich – und daher ein guter Grund, damit zu werben. Heute ist das natürlich anders, und längst spielt der Slogan in der Außendarstellung der E-Plus Gruppe auch keine Rolle mehr.

Dabei trifft er immer noch zu, wenn auch in einem etwas anderen Zusammenhang. Nämlich wenn wir das „nah" einfach mal auf den Abstand zwischen unseren Kunden und dem Unternehmen beziehen – physisch und im gegenseitigen Verständnis. Kundennähe ist uns ein wichtiges Anliegen, und wir tun eine Menge dafür. Und so ist es sicherlich kein Zufall, dass ein Beitrag der E-Plus Gruppe in diesem Buch gerade im Kapitel „Nähe und Kundenorientierung“ platziert wurde.

Die Nähe zu den Konsumenten hat durch das Internet eine ganz neue Qualität bekommen. Der Kunde ist heute in der Regel nur einen Mausklick weit entfernt. Dass sich Millionen Menschen online zu Wort melden und in Echtzeit untereinander austauschen, können die Unternehmen nicht mehr übergehen. Zumal manche Menschen ihre Meinung, sei es Lob oder Kritik, über das Internet viel offener vortragen, als sie es bei einem realen Gegenüber tun würden. Mit den technischen Möglichkeiten des Internets hat sich also auch gesellschaftlich etwas verändert. Weil jeder sich jederzeit äußern kann, treten viele Konsumenten heute auch selbstbewusster auf. So gesehen kommen uns viele im Netz näher als bei der unmittelbaren Begegnung im Laden.

Wir haben das nie als Bedrohung empfunden, sondern vielmehr als Chance. Und ganz klar ist: Diese Chance wollen wir nutzen. Schließlich ist der direkte Draht im Internet ja auch keine Einbahnstraße, sondern funktioniert in beide Richtungen. Auch wir können ihn nutzen – zum Beispiel, um unsere Kunden zielgerichtet zu informieren. Oder um schnell und konkret auf Fragen, Wünsche und Kritik zu reagieren und damit den Service für unsere Kunden zu optimieren. Und natürlich hilft er uns, die Bedürfnisse der Kunden besser kennenzulernen und direkt in die Entwicklung und Gestaltung von Tarifen und Produkten einzubeziehen. Voraussetzung dafür ist ein Dialog auf Augenhöhe. Wir nehmen jeden Kunden, der uns etwas zu sagen hat, ernst und hören aufmerksam zu. Dieser Input ist für uns ein wichtiges Korrektiv, das uns hilft, keine Produkte und Tarife am Bedürfnis der Menschen vorbei zu entwickeln.

Ehe ich darauf eingehe, auf welchen Kanälen wir wie mit unseren Kunden kommunizieren, möchte ich kurz zeigen, dass unser heutiger Ansatz nicht vom Himmel gefallen ist. Vielmehr hat er sich im Lauf unserer 20-jährigen Unternehmensgeschichte geradezu folgerichtig entwickelt. Kundenorientierung war sozusagen schon immer elementarer Kernbestandteil der E-Plus-DNA.

Kundenorientierung vom ersten Tag an

Das zeigte sich bereits am allerersten Vermarktungstag im Mai 1994. Die Kunden von E-Plus waren die ersten Mobilfunkkunden in Deutschland, die zwischen zwei Tarifen wählen konnten. Je nach Tageszeit, zu der man mobil telefonieren wollte, war entweder der Profi- oder der Partner-Tarif günstiger. Mit dieser Zweiteilung wurde E-Plus frühzeitig den unterschiedlichen Bedürfnissen von Privat- und Geschäftskunden gerecht.

Und auch bei späteren Produktinnovationen kamen uns viele Ideen immer genau dann, wenn wir die Perspektive der Konsumenten statt jene des Ingenieurs oder Marketingexperten eingenommen haben. Auf diese Art schuf E-Plus beispielsweise die Prepaid Karte – und damit den ersten Tarif ohne monatliche Grundgebühr. Er war seinerzeit für Menschen gedacht, die nur erreichbar sein wollten und ansonsten wenig telefonierten. Später folgten Tarife mit Minutenpaketen, die jedem die Möglichkeit gaben, das für ihn passende Kontingent zu buchen. Diese konsequente Kundenorientierung setzt sich bis heute ungebrochen fort. Erst kürzlich haben wir die Roaminggebühren abgeschafft und die weltweit erste Vermarktungskooperation mit dem bei Kunden überaus beliebten Messaging-Dienst WhatsApp geschlossen. Es gibt zahlreiche weitere Beispiele, und sie alle zeigen, dass wir früh versucht haben, ganz unterschiedliche Kundenbedürfnisse in unserer Produktlandschaft abzubilden.

2005 haben wir die Weichen für eine noch diversere Kundenorientierung gestellt. In jenem Jahr setzte E-Plus eine Mehrmarkenstrategie auf. BASE, simyo, blau.de und Ay Yıldız entstanden in dieser Zeit. Mit diesen getrennt gesteuerten Marken wollten wir uns fortan auf unterschiedliche Kundensegmente fokussieren. Denn nur das erlaubt den Marken, sich gemeinsam mit ihren jeweiligen Zielgruppen optimal weiterzuentwickeln.

Von der Konsumenten-Marke zur Marken-Community

Etwa im Jahr 2010 sind wir noch einen Schritt weiter gegangen und haben begonnen, ganz konkret den Dialog mit unseren Kunden zu intensivieren. Damit begann zugleich die Transformation von traditionell geführten Konsumenten-Marken hin zu Marken-Communities. Ein wichtiges Element dabei: Die Kunden sollten nicht nur einen Draht zu uns bekommen, sondern auch untereinander vernetzt sein und sich austauschen.

Unsere jeweiligen Marken haben dazu diverse Kommunikationsplattformen eingerichtet. Blogs, Twitterkanäle und Facebook-Präsenzen gehören ebenso dazu wie Face-to-Face-Foren, in denen sich die Menschen auch physisch begegnen. Unsere Marke BASE etwa richtete einen Kundenbeirat ein, um über aktuelle Mobilfunkthemen, Produktideen und Ähnliches zu sprechen.

Inhaltlich geht es bei all diesen Aktivitäten um drei zentrale Themen. Erstens wollen wir die Kunden informieren und mit nützlichen Tipps versorgen. Zweitens wollen wir Kunden zusammenbringen, damit sie einander helfen können. Hierzu wurden beispielsweise vor einigen Jahren die BASE-Mobilfunkexperten oder die simyo-Paten ins Leben gerufen und im Februar 2014 mit unserer Unterstützung ein eigenständiges Verbraucherportal für Mobilfunkthemen im Web gestartet. Hier sind Nutzer aktiv, die über eine bestimmte Expertise verfügen und diese freiwillig anderen Kunden zur Verfügung stellen. Sie informieren Interessierte zum Beispiel über ihre Erfahrungen mit bestimmen Handymodellen oder Tarifen. Der dritte Schwerpunkt ist schließlich die Produktentwicklung. Hier ist der Dialog mit den Kunden eine unschätzbare Hilfe. Darauf komme ich später noch einmal zurück.

Manager mit offenem Ohr

Den direkten Dialog mit den Kunden suchen von Zeit zu Zeit viele unserer Führungskräfte und Mitarbeiter, die regelmäßig in einem unserer Shops oder im Callcenter hospitieren. Dass sie dann sozusagen live an der Front mitbekommen, nach welchen Kriterien etwa ein Shopkunde sein neues Smartphone auswählt oder mit welchen Anliegen sich ein Teilnehmer in der Hotline meldet, kann nur von Vorteil sein. So verlieren die Entscheider nicht das Gefühl dafür, welche Bedürfnisse oder auch Probleme die Mobilfunkkunden haben. Also letztlich jene, die das Unternehmen ja gerade zufriedenstellen will. Ein Livegespräch in der Hotline leistet dabei mitunter mehr als 50 Powerpoint-Charts im Konferenzraum.

Kunden zu beteiligen ist auch ein Lernprozess

Rund 3000 unserer über 4500 Mitarbeiter sind im Vertrieb oder in einem unserer Call-Center tätig. Sie sind es, die den klassischen Kontakt zu unseren Kunden haben, also im persönlichen Gespräch im Laden oder am Telefon. Darüber hinaus ist das Internet längst zu einer Plattform geworden, auf der sich manche Konsumenten, wie bereits beschrieben, noch deutlicher und unverstellter artikulieren. Das hilft uns, denn unser Selbstverständnis an dieser Stelle ist es, möglichst alle zu Wort kommen zu lassen.

Doch wie wir sehen, birgt diese totale Öffnung auch Risiken. Schließlich ist man plötzlich mit einer riesigen Zahl von Menschen in direktem Kontakt. (Allein die Facebook-Seite von BASE gefällt immerhin etwa 215.000 Nutzern.) Viele sind Freunde oder haben zumindest ein zur Seite passendes Thema oder Posting parat. Aber nicht jeder, der sich zu Wort meldet, hat ein seriöses Anliegen oder etwas Substanzielles mitzuteilen. Manche nutzen die ihnen dargebotene Plattform auch einfach, um zweifelhafte Botschaften zu verbreiten, oder sie vergreifen sich schlicht in Ton und Stil gegenüber ihren Adressaten oder anderen. Um solchen Auswüchsen entgegenzutreten, mussten wir 2012 schon einmal in die Offensive gehen. Damals haben wir auf der Facebook-Seite von BASE klar gegen despektierliche Äußerungen und menschenverachtende Bemerkungen Stellung bezogen – und mit einem Toleranzappell für mehr Respekt voreinander geworben. Wir sehen daran, dass sich alle Seiten beim optimalen Ausgestalten der jeweiligen Kommunikationskanäle in einem Lernprozess befinden.

Kunden werden zu Produktentwicklern

Viele Jahre lang war es selbstverständlich, dass Mobilfunkunternehmen neue Tarife und Produkte aus ihren Fachabteilungen unter Mithilfe von Entwicklern und Ingenieuren erarbeiteten. Das ist auch mein beruflicher Background und daher kann ich diesen Ansatz gut nachvollziehen. Das Ergebnis waren nicht unbedingt schlechte Produkte, aber vielleicht auch nicht immer die bestmöglichen – und ganz sicher nicht die richtigen zur richtigen Zeit für die Gewohnheiten und Bedürfnisse der Kunden. Wir haben uns daher dazu entschieden, Produkte nicht mehr allein *für* Menschen zu machen, sondern *mit* ihnen gemeinsam. Seither versuchen wir, die Perspektive der Kunden bewusst und aktiv mit einzubeziehen.

BASE praktiziert diese Beteiligung schon seit Jahren. Bei den Treffen des bereits erwähnten Kundenbeirats etwa waren neue Tarifideen ein regelmäßiger Tagesordnungspunkt. Beispielhaft für den Beitrag unserer Kunden zur Entwicklung neuer Produkte sind die BASE-GO-Tarife. Die grundsätzliche Idee, vorteilhafte Aspekte sowohl aus der Prepaid- als auch aus der Postpaid Welt zusammenzuführen, stammte dabei aus unserem Haus. Doch die detaillierte Ausgestaltung der Tarife entwickelte sich in Kooperation mit vielen Kunden, die wertvolle Verbesserungsvorschläge einspeisten.

Was bringt die Zukunft?

Eine schnelllebige Branche wie der Mobilfunk wird sich auch in Zukunft weiterentwickeln – und das vermutlich schneller als jemals zuvor. Das wird zum einen durch den rasanten technischen Fortschritt getragen, zum anderen aber auch durch gesellschaftliche Veränderungen. Dieser Entwicklung müssen auch wir als Mobilfunkanbieter entsprechen. Und zwar im Sinne der Menschen, die unsere Produkte nutzen wollen.

Digitalisierung wird dabei sicherlich einer der entscheidenden Erfolgsfaktoren sein. Was ist damit gemeint? Virtuelle und reale Welt stehen heute oftmals noch parallel nebeneinander und sind nicht verknüpft. Schon heute wechselt der Kunde selbst praktisch übergangslos zwischen diesen beiden Welten. Doch noch viel zu oft scheitern die Telekommunikationsanbieter daran, ihn zu begleiten. In der Folge erlebt der Kunde jeden Wechsel zwischen beiden Welten als Bruch. Ein einfaches Beispiel: Wer sein Handy online bestellt, mag es womöglich trotzdem vor Ort im Shop abholen und sich dann vom Verkäufer über Zusatztarife informieren zu lassen. Beide Welten müssen zu jeder Zeit systemisch, angebotsseitig und durch die handelnden Personen nahtlos ineinandergreifen. Nur der Mobilfunkanbieter, der die Silos zwischen Marketing, Vertrieb, Shops und Kundenservice aufbricht und digitalisiert, wird erfolgreich sein. Digitalisierung ist da kein Selbstzweck, sondern vielmehr Mittel zum Zweck. Denn auch hier gilt: Am Ende dreht sich alles um den Kunden und seine Bedürfnisse.

Die Nähe zu unseren Kunden wird weiterhin elementarer Bestandteil unserer Strategie sein. Ich wünsche mir, dass wirklich jeder im Unternehmen versteht und soweit wie möglich hautnah spürt, was unsere Kunden wollen und wie sie ticken. Bei all unserem Tun müssen wir immer auch in die Perspektive des Kunden schlüpfen. Das gilt für die Mitarbeiter von Hotline, Vertrieb und Produktentwicklung ebenso wie für den Techniker, der das nächste Software-Upgrade für unsere Basisstationen plant, oder die Konzernspitze. Am Ende muss sich alles um den Kunden drehen. Denn das ist letztlich die wirkliche Daseinsberechtigung für jedes Unternehmen.

Der Schatz der Stabilität

Rolf Kluge

Dr. Rolf Kluge ist als Leiter Planung bei der Bayerischen Motorenwerke AG für den Bereich Aftersales Business Management verantwortlich. Seit mehr als zehn Jahren entwickelte er zunächst die Technologiestrategien und später die Strategische Planung im Bereich der Konzernstrategie bei der BMW Group. Er ist Lehrbeauftragter für strategisches Management an der Ostbayerischen Technischen Hochschule Regensburg und an der Hochschule für Angewandte Wissenschaften in München.

Nähe und Kundenorientierung sind zwei wesentliche Aspekte in einem komplexen Wertesystem. Beide sind für nachhaltige Unternehmen und für die Gesellschaft entscheidend. Doch wie stabil sind diese Werte? Wie stabil sind sie in einer Krise oder in einem dynamischen Umfeld? Verändern sich diese Werte oder versteht man nur etwas anderes darunter?

In der Vergangenheit wurde oftmals unter Nähe nur der Aspekt der Entfernung oder Distanz, gemessen in Metern, verstanden. Der Wert der Nähe hat sich inzwischen nur geringfügig verändert, jedoch das Verständnis von Nähe ist vielfältiger geworden. Heutzutage differenziert man bei dem Begriff Nähe verschiedene Dimensionen, wie zum Beispiel Raum, Zeit, die inhaltliche Ebene sowie soziokulturelle Beziehungsebenen. Diese Dimensionen von Nähe können nicht mehr singulär betrachtet werden. Sie sind eng miteinander verwoben und müssen in einem ganzheitlichen Kontext im Wandel der Zeit gesehen werden.

Die Bedeutung von räumlicher Nähe beziehungsweise Weite nimmt in einer Welt der Globalisierung zu. Die Globalisierung führte dazu, dass Warenströme immer internationaler ausgerichtet wurden. Über die letzten Jahre – mit Ausnahme der Krisenjahre – nahm das weltweite Bruttoinlandsprodukt kontinuierlich zu. Wirtschaftlich wurden die Grenzen zwischen Kontinenten, Ländern und Kulturen überwunden – man näherte sich an. Kontinuierlich wuchs auch die Welthandelsorganisation. Dieser Prozess stagniert jedoch seit einigen Jahren. Anstelle global geltender Handelsabkommen werden zunehmend zeitlich befristete Abkommen zwischen zwei oder drei Ländern geschlossen, die ein gemeinsames Wirtschaftsziel verfolgen. Es kommt in diesem Fall zu einer Annäherung unter den involvierten Ländern. Dieser Wirtschaftsraum in Summe koppelt sich allerdings ab. Es ist also stets eine Frage der Perspektive. Der Prozess dieser Entfernung voneinander wird auch an anderen Beispielen deutlich, wie die steigende Anzahl regionaler Anforderungen für den Import oder sehr spezifische Local-Content-Anforderungen. Aus der Kundenperspektive sind diese Entwicklungen als eine Fokussierung und regionale Betrachtung von Kundenbedürfnissen (Regionalisierung) zu verstehen. Wirtschaftspolitisch sind in diesem Wandel protektionistische Züge zu erkennen und damit das genaue Gegenteil von Nähe.

Die betrachtete räumliche Nähe ist häufig mit der zeitlichen Dimension gekoppelt. Zeitliche Aspekte zeigen sich in einer steigenden Dynamik und Volatilität in den Märkten oder in den resultierenden Reaktionszeiten von Unternehmen. Die Globalisierung erforderte zunehmend die globale Präsenz von Unternehmen und führte zu einer räumlichen Trennung von Unternehmenseinheiten. Wenn sie in unterschiedlichen Zeitzonen arbeiten, ist eine zeitliche Trennung und Zersplitterung von Unternehmen die Folge. Über die Zeitzonen hinweg sind Unternehmensprozesse nur dann effizient, wenn kontinuierlich und wirksam an diesen gearbeitet werden kann. Oftmals werden durch verteilte Verantwortung und durch zu große Arbeitsteiligkeit Prozesse langsamer und ineffizienter. Diese Prozesse sind zeitlich voneinander entfernt und nicht im gleichen Takt.

Die beiden vorgestellten Dimensionen von Nähe können einzeln für sich betrachtet werden. Komplexer werden die Zusammenhänge zwischen den Dimensionen, wenn die Inhaltsebene sowie der Faktor Mensch hinzukommen. Inhaltliche Nähe besteht, wenn unterschiedliche Parteien zu einem Text das gleiche Verständnis erlangen. Nähe zeichnet sich in diesem Fall durch einen Konsens aus. Echter Konsens innerhalb eines Unternehmens ist wichtig, um ein gemeinsames Verständnis in der operativen Umsetzung zu erlangen. Entscheidend ist, dass der Konsens echt ist, also inhaltlich von allen mitgetragen wird. Sollte diese inhaltliche Nähe nicht erzielt worden sein, so resultieren daraus Reibungsverluste. Dissens im Vorfeld führt meist zu Verbesserungspotenzialen, im Nachgang eher zur Ineffizienz.

Ob ein „echter" oder „falscher" Konsens als inhaltliches Ergebnis vorliegt, hängt von den handelnden Personen, dem Faktor Mensch ab. Die Nähe bezieht sich hierbei direkt auf die Beziehungsebene. Diese Ebene wird neben der Nähe durch weitere Werte wie Transparenz, Offenheit, Vertrauen und Verantwortung beschrieben. Wenn die „Chemie" auf der Beziehungsebene stimmt, sind die „Elemente“ gut miteinander verbunden und bilden keinen „Sprengstoff“. Die Akteure verstehen einander mit Worten genauso gut wie ohne. Nähe wird durch viele Dimensionen bestimmt. Die entscheidende Frage ist aber, wie viel Nähe ein Unternehmen für die Kundenorientierung benötigt. Und was bedeutet eigentlich Kundenorientierung?

Abgesehen von dem ursprünglichen Marketingansatz sind die Facetten der Kundenorientierung ebenso vielfältig wie jene der Nähe. Die Kundenorientierung zeigt sich in allen Interaktionen mit dem Kunden, egal, ob nah oder fern. Ebenso ist es dabei unerheblich, ob es sich um einen einzelnen Kunden oder um eine Kundengruppe handelt. Der Mensch steht im Mittelpunkt mit seinen Bedürfnissen, seinem realen Bedarf, seinem situativen Kaufverhalten und seiner zukünftigen Nutzung eines Produktes oder einer Dienstleistung. Das Verständnis über die Zusammenhänge entlang dieser aufgezeigten Wirkkette ist die Basis für Kundenorientierung. Nur wenn ein Unternehmen diese Zusammenhänge verstanden und implementiert hat, werden die richtigen Angebote gemacht und Kunden begeistert. Kundenkontakt wandelt sich in diesem Fall von reaktiv zu proaktiv und kann zur Wettbewerbsdifferenzierung führen.

Die unternehmensinternen Prozesse und Strukturen mit den relevanten Informationen, gebündeltem Wissen, zielgerichteten Methoden sowie den Kompetenzen der Mitarbeiter sind durchgängig auszurichten. Dieser ganzheitliche Ansatz der Kundenorientierung endet an der Basis eines Unternehmens, der Unternehmenskultur mit allen Mitarbeitern und Führungskräften.

Nähe und Kundenorientierung im Wandel der Zeit

Um die Veränderungen näher zu betrachten und zu verstehen, möchte ich einige Jahre zurückgehen und den Kauf eines Automobils näher betrachten. Dabei ist das Auto nur Platzhalter für ein hochwertiges Produkt beziehungsweise eine Dienstleistung. Bevor es zu einem Autokauf kam, wurde die Sinnfälligkeit einer derartigen Anschaffung diskutiert. In diesen längeren Entscheidungsprozess wurden viele Personen integriert, Familie und Freunde wurden befragt. Doch letztendlich begab man sich zum Händler seines Vertrauens. Bei einem guten Gespräch in entsprechender Atmosphäre wurde das Anliegen mit allen Facetten diskutiert und ein optimales Angebot unterbreitet. Das Geschäft wurde dann bei einem Getränk und per Handschlag besiegelt. Alles Weitere war reine Formsache – der Kunde stand im Mittelpunkt. Offenheit, Vertrauen und damit die Nähe zwischen Händler und dem Kunden waren die Basis.

Heute ist die Vorgehensweise sehr heterogen. Potenzielle Kunden nutzen alle unterschiedlichen Vertriebswege und Kontaktpunkte. Der Konsument steht einer Informationsflut gegenüber. Er erhält ungesteuert und ungefiltert Informationen zu jeder Zeit und überall. Die etablierten, eingeübten Vertriebswege wie der persönliche Kontakt zum Händler seines Vertrauens geraten dabei in den Hintergrund. Die Kunden besuchen heute unterschiedliche Händler, nutzen konfigurations- und fachspezifische Plattformen und Diskussionsforen, befragen ihre Peers und gelangen auf diese Weise an aktuellste Daten zum Produkt und zu den Preisen. Um an die notwendigen Informationen zu gelangen, werden alle Kanäle hoch professionell genutzt. Der Kunde geht mit einem sehr viel besseren Informationsstand in den Handel als zuvor und kennt die Handlungsspielräume sehr genau. Der Händler und die langjährige Vertrauensbasis werden auf die Probe gestellt. Nähe tritt in den Hintergrund. Digitalisierung und Verfügbarkeit von Informationen treten hervor. Diese digitale Welt eröffnet kundenorientierten Händlern und Unternehmen neue Möglichkeiten, die es zu erkennen und auszuschöpfen gilt. Wie bei allem Neuen stehen dahinter immer Chancen und Risiken.

Chancen und Risiken

In einem volatilen Umfeld bieten sich einem Unternehmen vielfältige Chancen. Um diese zu nutzen, ist eine Offenheit für Veränderungen im Unternehmen entscheidend. Es gilt die Chancen zu erkennen und die Risiken als Herausforderung zu verstehen.

Das sich wandelnde Verhalten der Kunden und deren veränderte Bedürfnisse führen kontinuierlich zu neuen Herausforderungen. Die Vielfalt und Dynamik der Kunden ist die größte Herausforderung, bietet aber auch ein entsprechendes Potenzial. Unter diesen Bedingungen werden neue Player durch veränderte Kundenbedürfnisse angelockt. Der Wettbewerb wird durch diese neuen Player (auch aus anderen Branchen), aber auch durch etablierte Player in der Umorientierung angefacht. Die etablierten Unternehmen werden unter Umständen mit anderen Geschäftsmodellen und anderen Zyklen entlang der Wertschöpfungskette konfrontiert.

Wettbewerbspositionen (USPs) und Spielregeln werden neu verteilt. Derartige Umverteilungsprozesse können im Bereich der Elektromobilität beobachtet werden.

Unternehmen können sich diesen Herausforderungen und neuen Gegebenheiten aktiv stellen. Ein gutes Verständnis für Nähe und für seine eigenen Stärken ist in dieser Phase entscheidend. Aber nicht nur die Nähe zum Kunden, sondern auch die Nähe zu den anderen, neuen Marktteilnehmern kann entscheidend sein. Nur aus der Betrachtung des gesamten Umfelds kann die eigene, neue Position erkannt werden. Dabei kann die Nähe zu anderen Playern auch neue Chancen bieten. So können aus Herausforderungen neue Marktchancen entstehen.

Mit Offenheit und scharfem Blick werden Veränderungen frühzeitig erkannt, im Kontext wahrgenommen und Unternehmensentscheidungen zeitnah getroffen. Wenn sich zum Beispiel die Kunden auf allen Kanälen über Produkte und Inhalte informieren, erfordert dieses die unternehmerische Präsenz auf allen Kanälen. Aus den unterschiedlichen Kundenkontakten werden alle wesentlichen Informationen über die Bedürfnisse aufgenommen, Kundenwissen wird abgeleitet und Bedürfnisprofile generiert. Die Kunden unterstützen dieses aktiv, indem persönlichkeitsbezogene Daten freiwillig in Internetforen bereitgestellt werden. Kundenprofile und Identitäten sind in vielen Foren frei verfügbar. Dieses ist ein unschätzbares Potenzial, aus dem ein einzigartiges Verständnis über den Kunden entwickelt werden kann. Es ermöglicht Differenzierungspotenziale im direkten Wettbewerb. Kundenorientierung ist ein Wettbewerbsvorteil. Auf dieser Basis werden im Unternehmen aktiv Prozesse angepasst und umgesetzt, kundenorientierte Zielsysteme gestaltet und nachhaltige Entscheidungen getroffen.

Getragen werden diese Veränderungen nur durch eine entsprechende Unternehmenskultur. Viele Unternehmen verankern in ihren Leitsätzen oder Wertvorstellungen die Orientierung zum Kunden. Diese kundenorientierte Kultur zeichnet sich vor allem durch den Faktor Mensch aus. Die Nähe zum Kunden und damit das einzigartige Verständnis für den Kunden stehen im Mittelpunkt und werden bei allen Entscheidungen berücksichtigt. Diese Ausrichtung wird durch alle Mitarbeiter und über alle Hierarchieebenen getragen. Konsequenz und Durchgängigkeit sind in der Umsetzung entscheidend.

Die Durchdringung dieser Unternehmenskultur mit gelebter Nähe sowie Kundenorientierung zeigt sich sowohl im direkten Kundenkontakt während der Arbeitszeit als auch situativ in der Freizeit. Kundenprobleme werden zu jeder Zeit erkannt und als persönliche Chance verstanden. Eine mögliche Reifenpanne am Seitenstreifen wird somit nicht als lästig, sondern als zusätzliche Möglichkeit für einen Kundenkontakt verstanden. So können aus ungeplanten Situationen neue Potenziale entstehen. Jeder Mitarbeiter handelt immer zum einen Teil als Privatperson, zum anderen Teil als Vertreter seines Unternehmens.

Digitalisierung und Informationstechnologie ermöglichen eine optimale Ausrichtung an den Bedürfnissen der Kunden. Doch wo sind die gesellschaftlichen Grenzen, wenn Personen freizügig ihre Identität und Persönlichkeit preisgeben? Nähe, Offenheit und Transparenz erschaffen gläserne Kunden und Menschen. Das Internet vergisst nicht! Jeder erwartet einen verantwortungsvollen Umgang mit Daten und Profilen. Aber gehen Unternehmen wie Apple mit der Kontrolle von Kundendaten oder Google mit der Generierung ganzheitlicher Kundenprofile nicht zu weit? Hier sind erste Anzeichen von Kontrollverlust zu erkennen. Dies zeigt, dass Nähe und Kundenorientierung immer im Kontext einer gesellschaftlichen Grundordnung und der entsprechenden Werte zu sehen sind.

Fazit

Nähe und Kundenorientierung hatten und haben einen hohen Stellenwert in der Gesellschaft. Sie sind stabil! Die Gesellschaft wandelt sich kontinuierlich und mit ihr ändern sich Verständnis und Interpretationsspielräume dieser Werte. Es liegt an den Unternehmen, diesen Schatz an Stabilität zu heben und im Rahmen ihrer gesellschaftlichen Verantwortung nachhaltig zu gestalten.

Die Neuvermessung von Sicherheit & Wachstum

In den Rankings der wichtigsten Werte in Unternehmen gibt es nach der Freiheit aktuell einen zweiten Favoriten: die Sicherheit! Dieser Wert scheint umso wichtiger zu werden, je mehr er infrage steht. Die Finanz-, Schulden- und Wirtschaftskrisen der vergangenen Jahre haben dazu einen großen Beitrag geleistet. Denn je unsicherer unsere Welt zu werden scheint, desto mehr sehnen sich Konsumenten wie Topmanager nach Sicherheit. Die meisten von uns denken wohl, dass ein Wirtschaftswachstum, so wie wir es jahrzehntelang erlebten, nur in Zeiten der Sicherheit funktioniert. Dies ist natürlich Unsinn. Aber die Sehnsucht bleibt.

Ich spüre das, wenn ich nach meinen Reden in den Strategie- und Vorstandsklausuren meist mittelgroßer Unternehmen ins Kreuzverhör genommen werde. Es passiert nicht selten, dass ich von gestandenen Vorständen gefragt werde, wann denn die Krise endlich vorbei sei. Oder mit anderen Worten: Wann können wir endlich zur liebgewonnenen Sicherheit von früher zurückkehren? Die Antwort mag erschreckend sein. Denn die Vorstellung, dass diese Krise vorübergeht und wir die alte Welt der Sicherheit zurückbekommen, wird sich als Illusion erweisen. Wohlgemerkt: Die Krisen werden vorübergehen. Sie werden unterbrochen durch Jahre des Wachstums. Doch das Gefühl der Unsicherheit wird uns nicht mehr verlassen.

Erst wenn wir das verstanden haben, werden wir die neuen, unsicheren Lebenswelten akzeptieren lernen. Das Ergebnis: So wie in den vergangenen Jahrzehnten die „Lebenslogik des unendlichen Wachstums“ durch den zentralen Wert der „Sicherheit“ bestimmt war, so wird künftig die „Unsicherheit“ zur Basis für unser Leben und die Geschäftsmodelle der Zukunft.

Ich bin mir deshalb so sicher, weil wir hier eigentlich gar nicht über Unsicherheit im klassischen Sinne sprechen. Denn real betrachtet ist die Welt heute viel ungefährlicher für Leib und Leben jedes Einzelnen als früher. Sie ist viel sicherer! Dennoch fühlen wir uns unsicher. Der Grund ist: Wir wissen nicht mehr, was morgen sein wird. Wer weiß denn schon noch, wo er in drei Jahren lebt, welchen Job er macht und mit wem er zusammen wohnt? Dies klingt vielleicht zu pathetisch, doch diese mangelnde Prognosefähigkeit wird in den kommenden zehn Jahren alle Bereiche der Lebenswelten der Menschen erfassen, von der wachsenden Komplexität der Technologien und des Alltags, über die Schwächen sozialer Sicherungssysteme bis hin zur Frage der Zukunftsfähigkeit Deutschlands im Zeitalter einer von China neu geprägten Weltwirtschaft. In dieser Welt wird sich der Wert der Sicherheit radikal verändern.

Es ist noch gar nicht lange her, da dachten wir, dass große, traditionsreiche Unternehmen die Garanten für Sicherheit sind. Getreu dem Motto: Wer schon 150 Jahre existiert, wird es schon auch noch bis zu meinem Tod schaffen! Doch dieses Vertrauen in die Prognosefähigkeit der Großkonzerne ist spätestens seit den Finanzkrisen um Lehmann Brothers & Co. vorbei. Das vielleicht wichtigste Resultat der Krisen ist die Gewissheit, dass kein einziges Unternehmen der Welt eine Sicherheit vor dem Unvorhersehbaren bietet. Übrigens auch kein Staat!

Ist der Wert der Sicherheit damit am Ende? Nein! Er wird nur umdefiniert.

Sicherheit entsteht künftig nicht mehr durch blindes Vertrauen in etablierte Unternehmen. Wir Kunden werden uns mit eindimensionalen Antworten und banalen Versprechen nicht mehr zufriedengeben. Denn wir wissen, dass diese nicht stimmen und nicht stimmen können. Wir wissen, dass ein Unternehmen das Unvorhersehbare genauso wenig prognostizieren kann wie wir selbst. Oder simpler ausgedrückt: Wenn Ihr Bankberater Ihnen wieder einmal einen Immobilienfond verkaufen will und seine üblichen Diagramme mit den Prognosen der kommenden 30 Jahre vorlegt, dann wissen Sie genau: Er lügt! Er behauptet Dinge, die er nicht wissen kann.

Unsere neue Sicherheitslogik lautet: Wenn wir schon wissen, dass etwas Unvorhergesehenes passieren kann, dann wollen wir vorbereitet sein, um schnell zu reagieren. Die einzige Sicherheit, die Unternehmen uns Kunden bieten können, ist also ein Szenariodenken. Oder wie mir der Cheftrendforscher des Volkswagenkonzerns, Wolfgang Müller-Pietralla, schon vor einigen Jahren in einer Diskussion sagte: „Wir müssen unsere Ingenieure dazu bekommen, dass sie in verschiedenen möglichen Zukünften denken." Er versucht seine Techniker zum Umdenken zu bewegen. Viele von ihnen glauben nach wie vor an die EINE „Heil versprechenden Technologie".

Doch in Zukunft werden sie diesen Glauben durch ein Denken in verschiedenen möglichen Szenarien ersetzen müssen. Denn nur wer dies tut, hat eine zweite und dritte Alternative, wenn wirklich etwas Unvorhergesehenes eintritt. Dann wird er schnell und kompetent reagieren, während alle anderen über die neue Krise jammern.

Die Trend- und Zukunftsforscher kennen diese Denkweise längst. Die „Szenariotechnik“ ist der Klassiker unter den wissenschaftlichen Methoden der Zukunftsforschung. Hierbei werden die zahlreichen Entwicklungsfaktoren sowie deren Einflüsse aufeinander analysiert. Alle Entwicklungsvarianten der Schlüsselfaktoren werden auf ihre gegenseitige Konsistenz verglichen und jeweils ähnliche Entwicklungstendenzen zu Clustern gebündelt. In den stärksten (und wahrscheinlichsten) Clustern sieht man jene Szenarien, zu denen die meisten Entwicklungsvarianten führen. Diese werden von Trendforschern dann für jedermann verständlich in einfache Storys verpackt.

Falls in Ihrem Unternehmen die „Sicherheit“ zu den zentralen Unternehmenswerten gehört, dann werden Sie ähnlich denken müssen. Statt eines unglaubwürdigen Sicherheitsversprechens werden Sie sich gegenüber Ihren Kunden damit profilieren, dass Sie dank Szenariodenken am besten auf das Unvorhergesehene vorbereitet sind. Der Wert der Sicherheit ist nicht mehr die hundertprozentige Stabilität, sondern die schnelle und adäquate Reaktion auf Unvorhergesehenes.

Sicher ist, wer sich so rasch wie möglich ändern kann

Robert Amlung

Robert Amlung (Beauftragter Digitale Strategie und Mitglied der Geschäftsleitung, ZDF) ist einer der Vordenker des Wandels der etablierten Fernsehsender in Deutschland. Als Mitglied der Geschäftsleitung des ZDF ist er verantwortlich für die digitale Strategie der öffentlich-rechtlichen Anstalt. Als Journalist arbeitete er bei ARD-aktuell in Hamburg für die Tagesschau und die Tagesthemen und war Nachrichtenchef von ARTE. Er war mitverantwortlich für Aufbau und Leitung von tagesschau.de, war wesentlich beteiligt an der Einführung der ZDFmediathek und leitete schließlich die Hauptredaktion Neue Medien des ZDF. In der Intendanz des ZDF ist er heute für die Überfahrt des „großen Tankers" in die digitale Medienwelt zuständig.

In Zeiten zunehmender Komplexität sind viele Führungskräfte mit Situationen konfrontiert, die sie bisher so noch nicht erlebt haben. Neue Märkte, neue Techniken, neue Konkurrenten – die globalisierte Wirtschaft ändert sich schnell und zwingt zur schnellen Anpassung. Das ist nicht neu: Die Zeitungen sind voll davon, und Bücher zum Thema füllen viele Regalmeter. Trotzdem sind wir noch weit davon entfernt, mit der Komplexität souverän umgehen zu können.

In diesem kurzen Aufsatz möchte ich einen der Gründe beleuchten, die es uns so schwer machen, in dieser komplexen Welt zurechtzukommen: Es geht um unsere Vorstellung von Sicherheit. Meine These ist, kurz gefasst, dass wir uns in einer Art und Weise um unsere Sicherheit bemühen, die unserer Sicht auf die Welt eigentlich nicht mehr angemessen ist.

Worum geht es? Was ist überhaupt Sicherheit? Wann fühlen wir uns sicher? Und was hat Wachstum damit zu tun?

Beginnen wir mit einem genaueren Blick auf die „Sicherheit". Sicherheit ist ein relativer Begriff. Er bezieht sich auf eine Sorge oder äußere Gefahr. Wir sind dann sicher, wenn uns die Sorge oder die Gefahr nichts anhaben kann. Wenn wir Sicherheit verstehen wollen, müssen wir auf die möglichen Gefahren schauen. Und eine ganz existenzielle Gefahr ist, nicht mehr genügend Geld zum Leben zu haben. Genau deshalb ist ein unbefristeter Arbeitsplatz in einem gesunden Unternehmen so attraktiv: Er bietet uns eine ganz elementare, materielle Sicherheit.

Große Unternehmen haben hier einen Vorteil. Er beruht im Kern darauf, dass sie eine große materielle Substanz haben, die Reserven birgt für Zeiten der Gefahr. Aber auch stark wachsende Unternehmen können in diesem Kontext attraktiv sein. Ihre Dynamik ist es, die zumindest den Eindruck erweckt, als könne es auch Zeiten der Not gut überstehen.

Das Gefühl der Sicherheit entsteht also dadurch, dass wir großen und/oder wachsenden Unternehmen zutrauen, dass sie lange bestehen werden. Sie nehmen uns die Sorge, morgen nichts mehr zu essen zu haben. Und mit ihrer Stabilität vermindern sie den Druck, uns in absehbarer Zeit an neue Gegebenheiten anpassen zu müssen.

Die höchste materielle Sicherheit gibt es allerdings nicht in der freien Wirtschaft. Diese Lektion haben wir in der Bankenkrise seit 2008 einmal mehr schmerzhaft lernen müssen. Die höchste materielle Sicherheit bietet die kollektive Gemeinschaft der gesamten Bevölkerung. Diese Gemeinschaft wird heute meist durch den Staat organisiert.

Aber auch die kollektiven Reserven sind endlich. Wir gelangen zu der Erkenntnis, dass es keine unbegrenzte materielle Sicherheit gibt. Es kann realistischerweise immer nur darum gehen, möglichst lange durchzuhalten. Letztlich sprechen wir über einen Zeitgewinn. Wir sprechen über die Möglichkeit, den ohnehin fälligen Wandel langsamer angehen zu können.

Das ist sehr menschlich. Wenn wir nicht gerade in einer akuten Notlage stecken, möchten wir uns nicht ändern. Und wir können es oft auch gar nicht.

Das hat damit zu tun, dass der Mensch darauf ausgelegt ist, mit seiner Energie möglichst sparsam umzugehen. Deshalb verweigern wir uns in der Regel der Komplexität der Welt, die uns umgibt. Wir arbeiten meistens mit Vereinfachungen. Und wenn diese Vereinfachungen gut funktionieren, merken wir nach einiger Zeit gar nicht mehr, dass wir nicht die Welt selbst betrachten, sondern nur noch unser vereinfachtes Bild von ihr.

Und genau deshalb brauchen wir Kraft und Zeit, wenn wir uns ändern müssen. Wir müssen zuerst einmal begreifen, dass unsere geliebten Vereinfachungen nicht mehr passen. Und dazu benötigen wir meist mehrere Anläufe. Dann müssen wir uns der Komplexität neu stellen und uns auf die Suche begeben nach anderen, angemesseneren Vereinfachungen. Wenn wir die gefunden haben, müssen wir sie testen und gegebenenfalls wieder infrage stellen.

Es ist also eine verdammt gute Überlebensstrategie, sich Zeit zu erkaufen für die Anpassung an neue Gegebenheiten.

Um unsere Sicherheit zu erhöhen, haben wir im Prinzip zwei Möglichkeiten. Wir können die materiellen Reserven aufstocken, um länger durchhalten zu können. Dies ist das Muster, das wir aus dem 20. Jahrhundert mitbringen. Oft liegt der Schwerpunkt dann darauf, den Wandel zu verlangsamen, die bisherige Weltsicht zu verteidigen und möglichst lange durchzuhalten.

Fair enough. Und trotzdem besagt meine These, dass wir dieser Variante zu viel Aufmerksamkeit widmen. Eigentlich sind wir doch soweit, dass wir die Komplexität einer globalisierten Welt nicht nur ertragen, sondern sie als Chance begreifen können. Oder, anders formuliert: Eigentlich wissen wir doch, dass wir Innovation und Wachstum brauchen – damit wir an anderer Stelle Altes leichter vergehen lassen können.

Die zweite Möglichkeit unsere Sicherheit zu erhöhen besteht darin, die Zeit zu verringern, die wir im Notfall überbrücken müssen. Dafür müssen wir uns in die Lage versetzen, schneller zu reagieren und unsere Veränderungsprozesse früher anzustoßen. Dann können wir auch mit geringeren materiellen Reserven überleben – und schneller neue Wachstumsmöglichkeiten nutzen.

Ganz wesentlich für diese zweite Variante ist die Fähigkeit, Chancen und Risiken möglichst früh wahrzunehmen. Das ist eine besondere Herausforderung. Schließlich kennen wir die Zukunft nicht, und können sie auch nicht kennen. Wir müssen mit den Informationen der Gegenwart arbeiten, ohne in die Falle zu tappen, lediglich aus dem Jetzt heraus linear zu extrapolieren.

Ein erster wichtiger Schritt ist dabei, die bekannten Entwicklungen auch komplett zu Ende zu denken. Das klingt banaler, als es tatsächlich ist und ist im Alltag richtig schwer. Meist fehlt die Zeit. Die Erkenntnisse sind vielleicht unangenehm. Und es gibt Varianten: Es könnte so oder so kommen. Aber diese Denkarbeit schafft uns die besten Möglichkeiten, uns auf die Zukunft vorzubereiten.

Es gibt eine gute und erprobte Technik, zumindest das sichtbar zu machen, was wir heute von der Zukunft wissen können. Sie besteht darin, für wichtige Trends Annahmen zu treffen: So etwas wie einen Best Case und einen Worst Case. Wenn man das für mehrere Trends anwendet, ergeben sich verschiedene Szenarien.

Ein solcher Szenarioprozess folgt einer Reihe festgelegter Schritte. Er beginnt mit der Frage nach dem Fokus: *Wo stehen wir heute und wo wollen wir hin?* Es folgt eine Analyse des Umfelds: *Was passiert um uns herum?* Beides sortieren wir dann nach gewissen und ungewissen Faktoren. Die ungewissen Faktoren betrachten wir genauer und machen eine Projektion: *Wie entwickeln sich die für uns relevanten Ungewissheiten?* Erst wenn wir diese herausgearbeitet haben, können wir die Szenarien zusammenstellen und *entsprechende Varianten einer möglichen Zukunft entwerfen.*

Mit der Beschreibung der Szenarien ist ein wichtiger Schritt getan. Die Arbeit ist damit aber noch nicht beendet. Ein Szenarioprozess muss schließlich am Schluss zu praktischen Entscheidungen für das Hier und Jetzt führen. Es folgen daher nach der Szenarioentwicklung noch drei weitere Arbeitsschritte.

Beim nächsten Schritt geht es darum, nun konkret *innerhalb der Szenarien Möglichkeiten für uns selbst herauszuarbeiten.* Diese strategischen Optionen beschreiben den eigenen Gestaltungsspielraum. Auf dieser Basis werden dann *die Rückwirkungen unserer Optionen auf die Szenarien geprüft.* Schließlich ist die Zukunft nicht fix. Es besteht die Möglichkeit, dass wir den Verlauf der Szenarien beeinflussen. Dies zu beschreiben erhöht die Validität der Szenarien. Im letzten Schritt werden schließlich *konkrete Pläne erarbeitet, wer nun was tun soll* – als Basis für konkrete Entscheidungen.

Die Arbeit mit Szenarien ist anspruchsvoll. Sie zwingt zur Auseinandersetzung mit den eigenen blinden Flecken, mit Ängsten und Unzulänglichkeiten. Im Vergleich dazu ist es viel einfacher, mit möglichst vielen Ressourcen den Status quo zu verlängern. Aber das war eigentlich nicht die Frage.

Unser Thema ist, auf welche Weise wir eine höhere Sicherheit erreichen. Und ich vertrete hier die Auffassung, dass es in der wirtschaftlichen Realität des 21. Jahrhunderts im Ergebnis sicherer ist, sich dynamisch und so rasch wie möglich den Veränderungen zu stellen. Warum ist das so? Zur Begründung möchte ich genauer auf die Akteure, ihre Ressourcen und die zeitlichen Abläufe schauen.

In der globalisierten, vernetzten Wirtschaft treffen wir zunehmend auf nicht-lineare, komplexe, polyzentrische Systeme – also auf Systeme, die wir im Kern nicht verstehen. Mit solchen Systemen angemessen umzugehen erfordert Zeit und Energie – und zwar mehr Zeit und Energie, als wir aus der Vergangenheit extrapolierend gewohnt sind. Wir müssen uns ein Bild machen und Handlungsoptionen entwerfen, wir müssen diese Optionen ausprobieren und bei Misserfolg korrigieren. Wir kommen also gar nicht umhin, die wesentlichen Stationen des Szenarioprozesses zu durchlaufen.

Wenn wir uns in einer bedeutenden Wachstumsphase

ohnehin neue Märkte erschließen, können das Bestehende und das Neue produktiv zusammenwirken. In allen anderen Fällen fehlen uns für die Gestaltung des Neuen die Ressourcen, die wir in die Bewahrung des Status quo stecken. Wir bewahren dann das Bestehende auf Kosten einer möglichen Zukunft. Wir erhalten kurzfristige Sicherheit ohne das langfristige Überleben zu sichern. Kurz: Wir sind nicht nachhaltig.

Es geht also im Kern um die Abwägung, wie viel Energie ein Unternehmen in die Bewahrung des Bestehenden stecken muss, um seine Wandlungsfähigkeit nicht zu überfordern – ohne dabei die Arbeit an neuen Potenzialen zu vernachlässigen, die ein langfristiges Überleben und eine dynamische Entwicklung sichern. Sicherheit entsteht nur dann, wenn diese Abwägung gelingt. Das bedeutet auch, dass Sicherheit manchmal nur dann langfristig bestehen bleibt, wenn sie kurzfristig aufgegeben wird.

Dies stellt enorme Anforderungen an die Führungskräfte und an die Mitarbeiter. Es braucht eine gute Portion Selbstvertrauen, um die Sicherheit des Hier und Jetzt im Interesse einer besseren Zukunft aufgeben zu können. Es braucht Bewusstheit, um nicht nur den eigenen Vorgarten zu sehen, sondern die Entwicklung des ganzen Unternehmens wahrnehmen zu können – und dabei auch die Chancen zu erkennen, die der Wandel für die persönliche Entwicklung bietet. Und es braucht Führungsstärke, um diesen Prozess mit Empathie und Zielstrebigkeit voranzubringen.

Niemand hat gesagt, dass das leicht wird ... Die zunehmende Vernetzung der Welt durch das Internet, die günstigen Verkehrsmittel und die globalen Warenströme zwingen uns dazu, der Komplexität des Lebens neu ins

Auge zu schauen. Sicherheit ist ein relativer Begriff. Es bleibt uns nichts anderes übrig, als ihn neu zu beschreiben.

Traditionelle Werte für das Banking der Zukunft

Peter Buschbeck

Peter Buschbeck ist Vorstand Privatkunden der HypoVereinsbank. Er ist hauptverantwortlich für die konsequente Omnichannel-Strategie, mit der sich die HypoVereinsbank als Innovationsführer unter den großen deutschen Banken profiliert. In seiner Karriere verantwortete er die Strategien verschiedener Bankhäuser in Deutschland. Als Vorstand der Citibank war er mit den Bereichen Vertrieb und Marketing betraut. Als Vorstand und späterer Vorstandsvorsitzender verantwortete er bei der SEB Bank vor allem das Privatkundengeschäft. Als Vorstand der HypoVereinsbank leitet er heute das Geschäftsfeld „Privatkunden Bank".

An einem normalen Morgen im Jahr 2024 setzt sich Frau S. in ihr Auto. Das Fahrzeug begrüßt sie mit Namen und chauffiert Frau S. dann selbstständig zu ihrer Arbeitsstelle. Sensoren, Lasertechnik und intelligente Verkehrsleitsysteme weisen dem Bordcomputer den besten Weg durch den Verkehr. Auch der allmorgendliche Stopp am Coffeeshop an der Ecke ist Teil der Routenplanung – schließlich ist er längst im persönlichen Nutzerprofil von Frau S. gespeichert. Unterwegs checkt Frau S. ihre E-Mails und sieht sich die Nachrichten auf dem Touchscreen im Armaturenbrett an. Während das Auto eigenständig einparkt, tätigt sie mit ihrem Smartphone noch schnell eine Überweisung, bevor sie auf den letzten Metern bis zum Büro die neuesten Schlagzeilen auf ihre Datenbrille eingespielt bekommt. An der Pforte angelangt, muss sie ihren Ausweis nicht aus der Tasche holen, da der Zugang über

Gesichtserkennung geregelt ist. Das Handy kann sie ebenfalls in der Tasche lassen, wenn sie sich auf den letzten Metern bis zu ihrem Büro in die erste Telefonkonferenz des Tages einwählt. Schließlich hat Frau S. ein Implantat im Ohr, mit dem sie nicht nur Musik hören, sondern auch telefonieren kann.

Dieses Szenario mag überzeichnet klingen – fernliegend ist es deshalb nicht. Denn Einparkhilfe, Autopilot und Datenbrille gibt es schon heute, und erste Ansätze für Gesichtserkennung und „Bio-Tuning" werden längst erprobt. Die kleine Geschichte von Frau S. ist also nur die konsequente Fortschreibung der Trends unserer Zeit, ob sie nun Digitalisierung, Vernetzung oder uneingeschränkte Mobilität persönlicher Daten heißen. Schon heute können wir etwa in einem vollständig vernetzten Haus leben und sind rund um die Uhr an jedem Ort erreichbar. Unsere digitalen Erinnerungen werden in Clouds aufbewahrt, sodass sie jederzeit verfügbar sind, der Onlinehandel wächst seit Jahren rasant und die aufkommenden 3D-Drucker werden unser Konsumverhalten noch nachhaltiger verändern, als das eBay oder Amazon bislang vermochten. Kurz: Das reale Leben hat längst eine digitale Seite bekommen.

Anspruch und Nutzungsverhalten der Bankkunden ändern sich

Diese Entwicklung hat längst alle Bereiche des täglichen Lebens erfasst – nicht zuletzt die Art, wie wir Bankgeschäfte betreiben wollen. Wenn Zeit und Ort durch die veränderten Arbeits- und Lebensbedingungen zunehmend relativ werden, dann verschwimmt auch im Bankgeschäft die Grenze zwischen online und offline. Bankkunden agieren längst hybrid: Sie wollen für einfache Überweisungen nicht mehr extra in die Filiale kommen. Stattdessen wollen sie in der Lage sein, derlei Transaktionen schnell und unkompliziert abzuschließen – beispielsweise über das Internet oder das Telefon. Die Bedeutung der klassischen Bankfiliale nimmt dementsprechend kontinuierlich ab.

Gleichzeitig bleibt das Grundbedürfnis der Bankkunden nach höchster Sicherheit, umfassender Diskretion und individueller Beratung bestehen. Komplexe Transaktionen werden heute wie vor 30 Jahren vorzugsweise im Rahmen eines Gesprächs mit dem persönlichen Berater abgeschlossen. Schließlich handelt es sich beim privaten oder geschäftlichen Vermögen um ein sensibles Gut, das nicht leichtfertig in fremde Hände gegeben wird. Persönliche Beratung und das Gespräch unter Partnern sind also nach wie vor wichtige Eckpunkte einer intakten Kunde-Bank-Beziehung.

Der immer stärkere Wunsch nach Digitalisierung und Vereinfachung auf der einen und das gleichbleibende Bedürfnis nach Sicherheit und persönlicher Beratung auf der anderen Seite stellen Banken vor große Herausforderungen. Schließlich ist die technische Basis für den Sprung in das Banking des 21. Jahrhunderts noch längst nicht allerorten gelegt. Hinzu kommt: Das Privatkundengeschäft der Filialbanken steckt in einem Umbruch. Direkt- und Spezialbanken nutzen den Trend zur Digitalisierung, um den etablierten Filialbanken sukzessive Marktanteile abzunehmen. Branchenfremde Anbieter wie beispielsweise PayPal oder Google mausern sich zu ernstzunehmenden Wettbewerbern, indem sie

Alternativen zum traditionellen Zahlungsverkehr anbieten. Beschleunigt wird diese Entwicklung dadurch, dass diese Anbieter häufig innovativer sind und schneller handeln als etablierte Banken. Etwas, das sie in den Augen vieler Digital Natives zu attraktiven Alternativen macht.

Der gravierende Vertrauensverlust gegenüber etablierten Banken, der die Branche seit der Wirtschafts- und Finanzkrise trifft, tut sein Übriges. Viele Bürger begegnen Finanzinstituten mit tiefem Misstrauen und können die dienende Funktion der Branche für die Realwirtschaft kaum mehr erkennen. Die Folge: eine zunehmende Entfremdung zwischen Kunden und Bank. Studien zeigen, dass die Wechselbereitschaft bei Privatkunden noch nie höher war. Die gleichen Studien zeigen aber auch: Der persönliche Bankberater ist nach wie vor außerordentlich wichtig für die Kunden.

Wenn Banken in diesem herausfordernden Umfeld bestehen wollen, müssen sie sich schnell auf die neue Normalität der hybriden Kunden und digitalen Möglichkeiten einstellen. Sie müssen sich an die vernetzte Welt anpassen, in der jeder alles an jedem Ort und zu jeder Zeit erledigen möchte und der Wettbewerb immer intensiver wird. Dabei macht Digitalisierung allein nicht glücklich. Sie ist vielmehr die notwendige Voraussetzung, um den Bankkunden der Zukunft adäquat begleiten zu können. Auch und gerade wenn es darum geht, einen seit Jahrhunderten gepflegten Wert des Bankgeschäfts in die Zukunft zu übertragen: belastbares Vertrauen durch persönliche Gespräche auf Augenhöhe. Angebote wie Selbstbedienungszonen, Internetbanking und telefonische Bankgeschäfte mit anonymen Callcentern erschweren den

Aufbau dieses Vertrauens durch eine individuelle, persönliche Kundenbeziehung.

Traditionelle Werte und modernes Banking mit der Online-Filiale

Die HypoVereinsbank hat sich dieser Herausforderung früh angenommen. Das Ziel dabei ist klar: Technischer Fortschritt muss immer mit einer klaren Werteorientierung einhergehen. Die Bank hat deshalb echtes Multikanalbanking eingeführt. Das bedeutet konkret, dass Kunden das komplette Angebot der Bank friktionsfrei auf allen Kanälen nutzen können. So kann sich ein Kunde beispielsweise in einer Filiale persönlich über ein Produkt informieren, eine Nacht über das Angebot schlafen und den Vertrag am nächsten Morgen im Internet abschließen. Sollten am Abend noch Fragen auftauchen, können sich Kunden und Interessenten auch noch um 21 Uhr per Videoberatung an die Bank wenden. Die Videoberatung vereinfacht darüber hinaus auch das traditionelle Filialgeschäft: Berater in der Filiale schalten Experten für Spezialthemen, zum Beispiel Immobilienfinanzierung, aus der Zentrale schnell und unkompliziert zu einem Kundengespräch zu.

Herausragende Neuerung unseres Ansatzes für modernes Banking ist die sogenannte Online-Filiale, die die HypoVereinsbank in dieser umfassenden Form als erste überregionale Filialbank in Deutschland zu Jahresbeginn 2013 eingeführt hat. In der Online-Filiale finden Kunden das gesamte Produktangebot der Bank, die Beratung erfolgt entweder über das Telefon, per E-Mail oder Video.

Auch hier stößt besonders die Videoberatung auf reges Kundeninteresse. Mit nur wenigen Klicks können sich die Kunden der Online-Filiale per Computer oder Tablet ihren persönlichen Berater in das eigene Wohnzimmer holen. Dokumente und Verträge können live am Bildschirm gezeigt und bearbeitet werden – fast wie bei einem persönlichen Gespräch in der Filiale. Das hat Vorteile für alle Seiten. Kunden können so an 7 Tagen in der Woche und bis zu 14 Stunden täglich auf die persönliche Beratung ihrer Bank zurückgreifen. Auf der anderen Seite setzt die Bank ihre Berater effizienter ein, lästige und aufwändige Reisezeiten entfallen. Wichtig ist dabei die klare Zuordnung der Kundenbeziehung: Ob online oder offline – der Berater bleibt derselbe.

Mit der Online-Filiale komplettiert die HypoVereinsbank ihr bestehendes Angebot und nimmt die Herausforderung der Digitalisierung an. Auf technischer Ebene gewinnt sie so einen Vorsprung gegenüber ihren Wettbewerbern. Und auf der Ebene der Kundenbeziehung stärkt sie damit langfristig die Loyalität und das Vertrauen der Kunden.

Erste Erfolge seit der Einführung der Online-Filiale zeigen, dass das Modell ankommt: Bereits in den ersten Wochen nach dem Start haben sich mehrere tausend Neukunden für die Online-Filiale entschieden. Kundennähe und -zufriedenheit sind deutlich gestiegen; so zeigten sich neun von zehn befragten Kunden in einer aktuellen Umfrage auch mit der Videozuschaltung von Immobilienexperten zum Beratungsgespräch in den Filialen „sehr zufrieden“.

Die Online-Filiale wird nicht die letzte Neuerung auf dem Weg zu einem modernen Banking bleiben. Die

Geschwindigkeit, mit der sich die Welt ändert, wird weiter zunehmen, Innovationen werden in immer kürzeren Abständen erfolgen müssen. All das verändert die Art, wie wir Bankgeschäfte betreiben. Gleichzeitig bleiben die Werte, die unserem Leben zugrunde liegen, dieselben – allen voran das Vertrauen, das über persönliche Interaktion, belastbare Beziehungen und das Einhalten von Zusagen entsteht. Fest steht, dass das Banking der Zukunft in jedem Fall schneller, komfortabler und digitaler sein wird als heute. Fest steht aber auch: Nur diejenigen Finanzdienstleister werden auch die Banken der Zukunft sein, denen es gelingt, durch Rückbesinnung auf traditionelle Werte das Vertrauen ihrer Kunden zu gewinnen und ihnen damit das gute Gefühl zu geben, sich keine Sorgen um ihre Geldgeschäfte machen zu müssen.

Zurück ins Jahr 2024: Auch Frau S. erledigt ihre Bankgeschäfte ganz selbstverständlich außerhalb der regulären Öffnungszeiten am Abend oder Wochenende. Auf dem Sofa sitzend schließt sie nach der Arbeit einen Vertrag für die Altersvorsorge ab und authentifiziert sich dabei durch den Scan ihrer Iris. Im Anschluss sagt sie ihrem Computer, dass sie für einige Zeit nicht zu erreichen sein wird und alle eingehenden Kontaktanfragen durch ihren digitalen Assistenten beantwortet werden sollen … dann steht sie auf, geht in ihren Garten und spielt mit ihren Kindern – und zwar ganz analog.

Wenn Profit keine Sicherheit bringt

Norbert Pyhel

Norbert Pyhel (ehm. Exekutiv-Komitee, SCOR-Gruppe) ist einer der anerkannten Kenner der internationalen Versicherungsszene. Er begann seine Karriere im Gerling Konzern. Mit der Sparte Lebensrückversicherung erlebte er in den Achtzigerjahren die dynamische Internationalisierung des Versicherungsgeschäftes in allen führenden Versicherungsmärkten der Welt, im alltäglichen Geschäft mit den regionalen Versicherern bis hin zum Aufbau konzerneigener Niederlassungen, deren Geschäft er bis in die letzten Berufsjahre hinein überwachen sollte. In den herausfordernden Zeiten der ersten großen Finanzkrise nach der Jahrtausendwende trat er in den Vorstand der Revios Rückversicherung ein. Nach deren Übernahme wurde er als stellvertretender Leiter des weltweiten Lebensrückversicherungsgeschäfts in das Exekutiv-Komitee der SCOR-Gruppe berufen. Bis zu seinem Ruhestand war er CEO von SCOR Deutschland.

Die Begriffe „Sicherheit?“ und „Wachstum!“ scheinen auf den ersten Blick wie Frage und Antwort miteinander verknüpft zu sein. Ich erinnere mich an die frühen Achtzigerjahre mit den ersten Zweifeln an diesem Credo des post-wirtschaftswunderlichen Westens Deutschlands, in dem bislang unternehmerisch scheinbar alles gelungen war, was nur schnell genug die Umsätze ankurbelte und solcher Art für Wachstum sorgte.

Die Irritationen der Achtziger waren jedoch noch nicht stark genug, um trotz warnender Fehlschläge eine methodische Abkehr vom Irrtum zu bewirken. Die allerorten zu hörende, vorsichtig erweiterte Forderung nach *profitablem Wachstum* mag so manchem Leser noch in den Ohren klingen. Diese aus heutiger Sicht eher als Pleonasmus beschmunzelte Sprachschöpfung sollte in vielen Unternehmen dieser Zeit aber tatsächlich eine neue und wertkorrigierende Erkenntnis transportieren. Auch damals wurde sie schon belächelt, aber aus einem gänzlich entgegengesetzten Grund: Wachstum war in der Regel mit investiven Kosten verbunden, die im laufenden Geschäftsjahr infolge der damals ausschließlich praktizierten HGB-Metrik in der Gewinn- und Verlustrechnung unweigerlich zu Ertragssenkungen führen mussten. Insofern erschien damals die Forderung nach profitablem Wachstum eher als Widerspruch in sich!

Der gedankliche Sprung zum *profitablen Wachstum* führte zwar in die richtige Richtung, geriet aber offenbar zu kurz. Im Rückblick drängt sich mir bisweilen der Verdacht auf, dass der Niedergang so manchen deutschen Unternehmens dieser Epoche, der nach 1989 gewöhnlich den historisch nachfolgenden großen politischen Entwicklungen des alten Jahrhunderts angelastet wurde, vielleicht im Einzelfall mit der elementaren Fehleinschätzung verbunden war, dass ein Unternehmen einfach prosperieren muss, solange es nur ordentlich wächst. Erinnern wir uns an jene Zeit: Aus der deutschen Wiedervereinigung, der Beendigung des Kalten Krieges, dem Zerbröseln der beiden weltumfassenden Machtblöcke und der damit verbundenen Öffnung vieler neuer Märkte, dem Eintritt Chinas respektive der Golfstaaten in das nun globalisierte Wirtschaftsgeschehen sowie der Bildung des Euroraumes entstanden Schlag auf Schlag neue, bislang ungeahnte unternehmerische Wachstumschancen. Aber damit tauchten ebenso bis dato unbekannte Risiken auf, und die vertraute Sicherheit schmolz dahin, wie uns die seit 2008 schwelende Finanzkrise derzeit erneut deutlich vor Augen führt. Es trat deutlicher hervor, dass der Begriff des Risikos die fehlende Klammer zum Wertepaar „Sicherheit und Wachstum“ bildete; seine veränderte ökonomische Deutung aus heutiger Sicht wurde durch die Messbarkeit der Sicherheit eines Unternehmens in Abhängigkeit von seinen expliziten Risiken erreicht, wie ich im Nachstehenden ausführen möchte.

Erlauben Sie mir bitte einen kleinen Rückblick auf meine eigene Vita. Als im Hochschulbetrieb forschender Mathematiker und Biometriker traf ich 1980 für mich die Richtungsentscheidung zum Wechsel in die Versicherungswirtschaft; bald darauf nahm ich ein Angebot von Gerling in Köln an.

Mit der erfolgreichen internationalen Ausdehnung deutscher Unternehmen folgte Gerling, im Kern ein Industrieversicherer, seinen expandierenden Kunden ins Ausland, zunächst in die europäischen, aber bald auch in die anglophonen Märkte „in Übersee“, wie es damals hieß. Dies geschah in erster Linie in meiner Sparte, nämlich der „Rückversicherung“, wie man diese Branche der Versicherer von Versicherungsunternehmen nennt, also bei den „Großhändlern“ versicherter Risiken. Das Wachsen des Unternehmens durch den Eintritt in neue Märkte bot sich angesichts der stets schlank gehaltenen Kapitalausstattung des Unternehmens vor allem in der Rückversicherung an. Diese Sparte galt damals als weniger kapitalintensiv als die mit teuren Vertriebsorganisationen ausgestatteten klassischen „(Erst-)Versicherungsunternehmen“ von Gerling, die ihre Policen eben „im Einzelhandel“ mit dem einzelnen

Kunden abzuschließen hatten. So blieb das herkömmliche (Erst-)Versicherungsgeschäft von Gerling (abgesehen von Ausnahmen im Industriegeschäft) allein auf den deutschen Markt fokussiert.

Gerling war im Wettbewerb hervorragend positioniert und zählte zu den Premium-Marken der deutschen und sogar der globalen Versicherungswirtschaft. Das Unternehmen blühte und gedieh, seit Anfang der Neunzigerjahre besonders in der „Rück"-Sparte, deren dynamisches Wachstum konzernintern zu einer Herausforderung für die Erstversicherungssparten wurde.

Um die Marktposition für die „Global Re", wie die Rückversicherung von Gerling damals im globalen Branchenjargon genannt wurde, im US-Markt gar noch zu verbessern, entschied sich das Management in den späten Neunzigern für den Kauf eines in New York beheimateten Sach-Rückversicherers. Statt der hieraus erwarteten Gewinne zeigte sich bald die Erfordernis zu recht massiven Reserveaufstockungen in New York für die Abdeckung ständig anwachsender Verbindlichkeiten aus altem US-Haftpflichtgeschäft – nicht wirklich die erste Strapaze für die Kapitalausstattung des Konzerns in jener Phase, aber die massivste.

Die Erstversicherung von Gerling hatte inzwischen die Herausforderung der „Global Re" angenommen. Zum Ausbau seiner Marktanteile in der deutschen Lebensversicherung, einem etwas fantasievolleren Synonym für deutliches Wachstum, setzte man nach dem „Millennium 2000" eine massive Ausschüttung der stillen Reserven zugunsten der Versicherten aus den Kapitalanlagen der Gerling Leben ein. Hiermit reduzierte sich der finanzielle Sicherheitspuffer des Konzerns ein weiteres Mal, wie sich schon kurze Zeit darauf schmerzlich herausstellen sollte, als nämlich infolge des Anschlages auf das World Trade Center zu Beginn des Jahres 2002 die internationalen Aktienmärkte eine schwere Baisse erlitten.

Der 9/11-Anschlag auf das WTC hatte mit seinem riesigen Schaden in der Rückversicherung bereits mit dem Jahresabschluss 2011 eine weitere tiefe Kerbe in das Eigenkapital von Gerling geschlagen. Aber selbst der Aderlass aus der Summe der finanziellen Auswirkungen dieser drei Megaereignisse hätte Gerling seinerzeit nicht umgeworfen. Es musste noch etwas anderes hinzukommen, und zwar eine eigentlich als überfällig zu begrüßende, nun aber sehr bedrohliche Veränderung im deutschen Aufsichtsrecht für Versicherungen vor folgendem Hintergrund.

In den führenden westlichen Handelsnationen war erstmals seit Mitte der Neunzigerjahre Sorge darum entstanden, dass die zunehmend globalisierte Finanzwirtschaft einschließlich der Versicherungswirtschaft mit ihren Zahlungsströmen immer weniger durchschaubar wurde. Auf den G7-Treffen in der zweiten Hälfte der neunziger Jahre, irgendwann zwischen Halifax und Köln, wurde die Frage nach den Möglichkeiten globaler Kontrolle thematisiert. Es war nicht zu erwarten, dass dieses Ziel kurz- oder mittelfristig tatsächlich zu erreichen war, aber dennoch führten diverse Initiativen schließlich zu konkreten Ergebnissen. Zunächst schlugen sie sich in der Anerkennung global anerkannter, standardisierter Rechnungslegungsvorschriften nieder mit dem Zweck, unabhängig von den Verzerrungen nationaler Vorschriften mehr Transparenz und Vergleichbarkeit für die unternehmerische Erfolgsrechnung zu gewinnen, heute bekannt unter dem Kürzel IFRS. Des Weiteren wurden mit den unter den Schlagworten Basel II und Solvency II getroffenen Initiativen ganz erheblich erweiterte Regelwerke für die Beaufsichtigung von Banken und Versicherern vorbereitet, die aber bis heute selbst im Bereich der EU immer noch nicht vollständig in Kraft gesetzt werden konnten. Doch mit einem frühen ersten Schritt auf dem Weg dorthin sollte bereits just im Jahre 2002 in Deutschland eine auf einer europäischen Richtlinie basierende erste Verordnung für die sogenannte Gruppensolvabilität von Versicherungskonzernen Anwendung finden, mit der die Mindestkapitalausstattung von Versicherungsgruppen wie Gerling bemessen werden sollte. Für Gerling wurde dies zum Problem.

Mit Beginn des Jahres 2002 stand bei Gerling zu befürchten, dass ohne Erholung der Aktienmärkte dieser Nachweis einer hinreichenden Eigenkapitalausstattung möglicherweise nicht mehr erbracht werden könnte. Im März 2002 veröffentlichte die Financial Times Deutschland die Nachricht, dass Gerling nach einem strategischen Investor Ausschau halte, was einem „mentalen Offenbarungseid“ gleich kam und fatalerweise zu dieser Zeit auch erfolglos blieb. Als die bereits vereinbarte Verschmelzung der „Global Re“ mit einem Wettbewerber zwecks De-Konsolidierung Mitte September auf der Ziellinie scheiterte, räumte Gerling der Zukunftssicherung seiner Erstversicherung den Vorrang ein und verkündete den „Run-off“ der „Global Re“, wie die Einstellung der Zeichnung von Neugeschäft in der Branche genannt wird. Von den Folgen dieser falschen Vorsichtsmaßnahme hat Gerling sich nie wieder erholt.

„Mein" Lebensrückversicherungsgeschäft wurde jedoch unter der späteren Marke Revios ausgegründet und behielt seine aktive Geschäftstätigkeit bei, um dann im Jahre 2006 als inzwischen recht erfolgreiches und werthaltiges Unternehmen von der in Paris beheimateten SCOR Rückversicherungsgruppe übernommen zu werden. Die verbliebene Gerling Erstversicherungsgruppe ging im Jahr 2007 in die Hände des HDI über. Damit endet die Geschichte des früher so stolzen Gerling-Imperiums, das die Risiken seines Wachstumsdranges auf zu schlankem Kapitalfuß nicht zeitig genug erkannt hatte.

Der Fall zeigt in einem kurzen Abriss, dass die ausgehende finanzielle Sicherheit des Unternehmens nicht korrekt bewertet wurde, dass die latent vorhandenen Risiken aus Katastrophenereignissen, sich verändernden Rahmenbedingungen, unerkannten Sachproblemen und potenziellen operativen Fehlentscheidungen in ihrer Auswirkung auf die vorhandene Sicherheit nicht erkannt wurden und daher das erstrebte Wachstum unverantwortlich war. Besonders schmerzhaft ist die Beobachtung, dass selbst ein damals hoch renommierter Versicherer, dessen ureigene Profession doch der Umgang mit Sicherheit und Risiken ist, die interaktiven Zusammenhänge nicht früher erkannte.

Aber dennoch war in dieser Epoche der großen Veränderungen etwas im wirtschaftlichen Sicherheitsbewusstsein geschehen, das in meiner Erzählung im Hinweis auf die geänderten aufsichtsrechtlichen Bestimmungen in der Finanzwirtschaft zur Mindestkapitalausstattung verborgen ist, grundsätzlich aber für jedes Wirtschaftssegment gilt. Im Rückblick auf die sich verändernde globale Wirtschaftsordnung seit dem Ende der Achtzigerjahre lassen sich die Erkenntnisse abstrakt vielleicht wie folgt festhalten.

Zwangsläufig musste einer veränderten globalwirtschaftlichen Risikostruktur eine adaptierte Vorstellung von Sicherheit entgegengestellt werden. Sie artikulierte sich in der Forderung nach der Bemessung von sogenanntem Risikokapital als Teil des Eigenkapitals eines finanzwirtschaftlichen Unternehmens zur hinreichenden Abdeckung seines Ruinrisikos. Das benötigte Risikokapital zur nachweislichen Unterlegung bestehender, neuer oder zusätzlicher Risiken im Verhältnis zum vorhandenen Eigenkapital macht die relative Sicherheit des Unternehmens damit zur messbaren Größe. Darauf setzt die wertorientierte Steuerung innerhalb des Unternehmens auf, die eine kontrollierte Förderung des Wachstums der einzelnen Geschäftsbereiche bewirken soll, nach Maßgabe der jeweiligen erwarteten beziehungsweise erreichten Rentabilität, also dem Verhältnis von Gewinn zu gebundenem Risikokapital.

Profit im Sinne eines positiven Jahresüberschusses allein reicht nach dieser Vorstellung also längst nicht aus um zu bewerten, ob sich ein einzelnes Geschäft lohnt, das praktizierte Geschäftsmodell noch zukunftsträchtig ist oder das Unternehmen seinen Eigentümern im Verhältnis zu den eingegangenen Risiken einen ausreichend fairen Gewinn erbracht hat. Dies hatte seinerzeit die überfällige Trivialforderung nach profitablem Wachstum noch naiv unterstellt. Heute fordern wir daher richtiger ein rentierliches Wachstum, das sein positives Ertragspotenzial am damit einhergehenden Risiko relativiert. Die Finanzwirtschaft ist in der Ausführung dieser Überlegungen weiter als andere Wirtschaftsbereiche vorgedrungen, aber grundsätzlich richtig sind sie auch hier.

Abstrakt gesehen wird in diesem neuen Sicherheitsverständnis der elementaren Haftungsfunktion des Eigenkapitals eine messbare Qualität angefügt. Für Unternehmen bietet sie die Grundlage für die Beurteilung der Frage, ob ein Geschäft oder das generelle Wachstum eines Geschäftssegmentes unter Berücksichtigung aller damit verbundenen Risiken, das heißt aus Sicht der belasteten Sicherheit des Unternehmens, im Sinne seiner definierten Ziele überhaupt angestrebt werden sollte. Ohne diese Absicherung bleibt jedes Wachstum selbst fraglich oder gar existenzgefährdend, wie meine kurze Erzählung wohl belegt.

Dazu eine generelle Anmerkung: Katastrophen sind wohl selten vorhersehbar, aber sie passieren, unregelmäßig oft und mit unterschiedlichem Schaden, aber eben immer wieder. Dasselbe gilt für menschliche Fehlentscheidungen oder fatale Zusammenbrüche an den Börsen. Seltener geschieht vieles gleichzeitig, aber selbst dieses Szenario tritt mit einer Wahrscheinlichkeit ein, die größer als Null ist. In diesem Sinne ist ein Risiko ein Ereignis, das nur mit Ungewissheit behaftet eintreten kann. Und in der Logik der Wahrscheinlichkeitstheorie ist selbst mit dem seltensten Ereignis die sichere Erwartung verbunden, dass es irgendwann einmal eintreffen wird.

Wie sollte es angesichts dieser Zufallsabhängigkeit möglich sein, Sicherheit durch die Ermittlung eines Ruin abwendenden Risikokapitalbedürfnisses im Vergleich zum vorhandenen Eigenkapital messbar zu machen? Und wie kann man aus dieser relativen Sicherheit ableiten, welches Wachstum sich ein Unternehmen tatsächlich ökonomisch sinnvoll leisten kann, bevor es seine Kapitaldecke erweitern muss? Diese nicht ausschließlich nur auf akademischer Ebene geführte Debatte wird vermutlich noch lange nicht abgeschlossen sein, schon allein deshalb nicht, weil immer wieder neue und bis dahin unvorstellbare oder einfach noch nicht gekannte Risiken auftauchen werden. Die Mathematiker haben sich jedoch hierauf eine Antwort gegeben: Sie versuchen, die nie ganz perfekt zu erfassende Realität mit einem auf den speziellen Zweck ausgerichteten mathematischen Modell nachzubilden. In diesem Modell wird jedes auch nur annähernd denkbare Szenario aus allen potenziellen Risikoereignissen, verbunden mit einer gewissen Eintrittswahrscheinlichkeit berücksichtigt. Solche Modelle dienen der Ausführung von zufallsabhängigen Simulationsrechnungen, die im Ergebnis das erforderliche Risikokapital als denjenigen Betrag ermitteln, der mit einer sehr hohen vorgegebenen Wahrscheinlichkeit (oder synonym: Sicherheit) ausreichen wird, die potenziellen Verluste aus *allen* eingegangenen Risiken abzudecken.

Solche Risikomodelle können in der Praxis sehr komplex aussehen, weil sie von Art und Anzahl der Risiken abhängen, denen ein Unternehmen ausgesetzt ist, aber auch durch die Eigenschaften ihrer wechselseitigen Abhängigkeit. So haben etwa zwei „negativ korrelierte" Risiken eine sehr hilfreiche Eigenschaft: Wenn das eine Risiko wächst, vermindert sich das andere, so wie etwa Dürre- und Flutkatastrophen am gleichen Ort zur gleichen Zeit einander nahezu ausschließen und damit gleichsam „hedgen". Trägt ein Unternehmen beide Risiken gleichzeitig, so erhöht sich sein Ruin-Risiko in einem geringeren Ausmaß, als wenn es nur eines der Risiken allein getragen hätte. Das Ruin-Risiko vermindert sich also durch den relativen Ausgleich dieser einander entgegengesetzten Risiken. Dieser Effekt beschreibt die Diversifikation im

Geschäftsmodell des Unternehmens, die gezielt auf verschiedenen Ebenen seiner Risikostruktur gesteuert werden kann.

Zur Erreichung von Risiko-Diversifikationen bietet es sich an, die Produkt- oder Dienstleistungspalette mit einer gewissen wechselseitigen Absicherung auszustatten. Auf einer höheren Ebene lassen sich die operativen Märkte diversifizieren, darüber die Produktionsstandorte, die rechtliche Unternehmensstruktur und schließlich das Geschäftsmodell selbst, welches das Ziel des unternehmerischen Erfolgs, den dafür gewählten strategischen Ansatz und den daraus abgeleiteten operativen Plan präzisiert. Der Grad dieser Diversifikation ist im mathematischen Risikomodell anhand des jeweils resultierenden Risikokapitals selbst messbar.

Die wertorientierte Steuerung des Unternehmens hat die Aufgabe, die Diversifikation zu optimieren, und zwar durch Minimierung des jeweils erforderlichen Risikokapitals bei gleichzeitiger Maximierung des frei verfügbaren Jahresüberschusses. Ob das Unternehmen dagegen die notwendigen Fähigkeiten für die diversifizierende Maßnahme besitzt, muss vom Management beurteilt werden. Das damals verstärkte US-Engagement bei Gerling ist leider ein Beispiel für eine folgenreiche Fehlentscheidung dieser Art.

Einzelne Branchen der Finanzwirtschaft versuchen die Bildung solcher Risikomodelle gewissen Regeln zu unterstellen, doch lässt sich damit der Streit um das bessere oder gar einzig richtige Modell nicht lösen. So weichen die Modelle von Ratingagenturen zum Teil erheblich voneinander ab; dasselbe gilt für sogenannte Standardmodelle von Aufsichtsbehörden und für unternehmenseigene

Risikomodelle. Doch all diese Anwendungen haben eines gemein: Sie alle verbessern das Verständnis der eigenen Risikosituation in den Unternehmen auf jeden Fall.

In der Realität wird sich nur ein Bruchteil aller Unternehmen mit solchen Kalkulationen befassen können. Doch keinem Verantwortungsträger bleibt die Pflicht erspart, sich die Risiken seines Unternehmens bewusst zu machen und dann zu entscheiden, ob sie gänzlich vermieden, sehenden Auges getragen oder, wenn möglich, versichert werden sollen.

Das Schaffen von Mehrwert, vor allem durch Wachstum, wird ein Ziel jedes unternehmerischen Handelns bleiben. Doch es muss in einem sicherheitsstrebenden Bewusstsein um die dabei einzugehenden Risiken geschehen. Nie kennt man alle Risiken. Und deswegen kann es auch keine Garantie gegen das Scheitern geben.

Das Streben nach „Mehr“ ist einfach menschlich. Dieses „Mehr“ zu erreichen verspricht die Empfindung von Glück. Die amerikanische Verfassung garantiert sogar das Recht auf das Streben nach Glück. In unserem Sprachempfinden ist daher das Wachsen grundsätzlich positiv belegt. Wir assoziieren damit das Wachsen in der Natur, das Heranwachsen unserer Kinder, aber auch das Vermehren unseres persönlichen Besitzes und Wohlstandes.

Entsprechend groß war der Schock, als der in den Sechzigerjahren gegründete Club of Rome einen Bericht unter dem Titel „Grenzen des Wachstums“ vorlegte und mit Hinweisen unter anderem auf ökologische Entwicklungen eine Eingrenzung des wirtschaftlichen Wachstums nahelegte. Tatsächlich bildete sich nachfolgend eine starke internationale ökologische

Bewegung, die schließlich mit der Prägung des Begriffs der Nachhaltigkeit selbst die Erlösung bot. Damit lockerte sie dem zuvor fast geächteten Streben nach Wachstum wieder etwas die Fesseln, wenngleich die im Jahr 2000 von der UNO beschlossenen Millenniumsziele mit der visionären Forderung nach einem globalen nachhaltigen Wirtschaften mit ausschließlich erneuerbaren Ressourcen von allen Nationen allgemein unterstützt, jedoch in den wenigsten Ländern bislang in bindendes Recht umgewandelt wurden. In den kommenden Jahren, so mein aktueller Ausblick, wird daher unser erhöhtes Risikobewusstsein für die Folgen des Wachstums im eigenen Unternehmen entsprechend und zunehmend ergänzt werden müssen, und zwar durch die Wahrnehmung der Risiken unseres wirtschaftlichen Handelns für unser globales wirtschaftliches und ökologisches System sowie die globale Vielfalt unserer sozialen Systeme mit ihren hierin lebenden menschlichen Kulturen und Individuen. Ich möchte das konkretisieren.

Unser Nachbar Frankreich ist in dieser Hinsicht schon weiter fortgeschritten als der deutsche Gesetzgeber. In meinen späteren Jahren bei der SCOR Rückversicherung habe ich die konsequente Vorbereitung unseres ökologisch-sozialen Rechenschaftsberichts miterlebt, der zukünftig als Teil des jährlichen Geschäftsberichts verpflichtend von allen großen, in Frankreich börsennotierten Unternehmen vorgelegt werden soll. Hierbei wird, um nur ein Beispiel zu nennen, auch der unternehmensweite Energieverbrauch, umgerechnet in CO_2-Ausstoß, im jährlichen Vergleich bewertet und die teils recht eindrucksvollen Maßnahmen zur kontinuierlichen Senkung des Energieverbrauchs sorgfältig herausgestellt.

So fällt bei diesem globalen Rückversicherungsunternehmen mit annähernd 2500 Mitarbeitern weltweit eine enorm hohe Flugreisetätigkeit an, die in Streckenlängen annähernd gut nachgewiesen und daher mit Durchschnittswerten brauchbar in den CO_2-Ausstoß umgerechnet werden kann, der vom Unternehmen selbst zu verantworten ist. Der übrige Energiebedarf ist noch leichter zu ermitteln und auf die gleiche Messgröße umzurechnen. Nun werden persönliche Kundenbesuche unersetzlich bleiben, doch ein ganz erheblicher Teil der interkontinentalen Flugstrecken wurde durch gruppeninterne Reiseanlässe verursacht. Zu deren Minderung schaffte SCOR seit 2010 systematisch für alle größeren Standorte global vernetzte TV-Studios an, die gruppeninterne Sitzungen von Teilnehmern an zueinander weit entfernten Standorten mit einer derart hohen Bild- und Tonqualität übertrugen, als säßen die Gesprächspartner im selben Raum. Um es kurz und ohne Zahlen zu sagen: Der gruppeninterne Reiseverkehr nahm schon nach kurzer Einführungszeit so erheblich ab, dass sich die Einrichtungskosten der TV-Studios an einzelnen Standorten bereits im Jahr der Anschaffung nahezu vollständig amortisierten. Die aufgrund reduzierter Geschäftsreisen gesteigerte Lebensqualität der Mitarbeiter und Führungskräfte wurde dabei ebenso wenig als zweitrangig betrachtet wie der außerordentliche Effizienzgewinn aus der gewonnenen Arbeitszeit!

Unternehmerisches Handeln in Verantwortung vor der Natur und den Menschen, wie man die Millenniumsziele etwas vereinfacht zusammenfassen kann, ist in der SCOR keine hohle Phrase, sondern ein Wert, der selbst von Mitarbeitern und Kunden eingefordert werden kann. Daraus leiten sich auch die Gleichstellungsgrundsätze für die Geschlechter, eine altersunabhängige Entwicklungsförderung, ein regelkonformer Umgang mit Geschäftspartnern, Wettbewerbern und Mitarbeitern genauso ab wie eine faire und gesundheitsbewusste Gestaltung der alltäglichen Arbeitsbedingungen in teils neu errichteten „grünen" Bürogebäuden. Dem darf, so meine ich, durchaus fair eine hohe Leistungserwartung des Unternehmens an seine Mitarbeiter gegenüberstehen.

Die Entwicklungen in Deutschland werden diesen Trend aufnehmen müssen und können, setzt die Abkehr von der Nuklearenergie und die gleichzeitige Förderung der Nutzung erneuerbarer Energiequellen doch hier ganz eigene, bemerkenswerte Akzente. Die Reihe der weiter aufzulistenden Beispiele ist lang und hinlänglich bekannt. Das wirtschaftliche und soziale Sicherheitsbedürfnis in unserer sozialen Marktwirtschaft bemisst damit also auch die ökologischen Folgen unseres Strebens nach Wachstum. Damit wird für alle deutlich, dass sich das Verständnis unserer deutschen Wirtschaftsordnung in eine ökosoziale Marktwirtschaft fortentwickelt hat. Der verpflichtende Nachweis der erweiterten unternehmerischen Verantwortung wir daher auch in unserem Land nicht lange auf sich warten lassen.

Die Neuvermessung von Offenheit & Transparenz

Sind Offenheit und Transparenz tatsächlich Werte, nach denen es zu streben gilt? Selbstverständlich, sind wir spontan versucht zu antworten! Denn der Kampf um mehr Transparenz hat unsere Gesellschaft über Jahrzehnte seit der 68er-Bewegung des letzten Jahrhunderts geprägt. Den Autoritäten ihr Herrschaftswissen zu entreißen und damit die Chance zu mehr Mitbestimmung zu bekommen, war das prägende Lebensziel von mindestens zwei Generationen. Dieses Ziel wurde erreicht, am Ende allerdings nicht durch politischen Kampf, sondern durch die alles verändernde Logik der Digitalisierung. Binnen weniger Jahre schaffte das Internet den größten Teil des Herrschaftswissens einfach ab. Der Grund: Es verwandelte die bisherigen asynchronen Kommunikationsstrategien in eine weitgehend synchrone Kommunikation. Einfacher gesagt: Alle Interessierten können die relevanten Informationen gleichzeitig bekommen.

Für Menschen, deren Macht oder Geschäft früher darauf beruhte, dass sie mehr oder bestimmte Informationen eher als andere erhielten, war das ein Problem. Für Kunden und Bürger war das toll. Die Vision der vollständigen Transparenz war so gut wie erreicht! Großartig! Dachten wir. Doch dann tauchte die Kehrseite von Offenheit und Transparenz auf. Unternehmen entpuppten sich als Datensammler für Geheimdienste, und plötzlich drohte mit steigender Transparenz auch jegliches Geheimnis zu verschwinden. Inzwischen gelten die Werte von Offenheit und Transparenz nicht mehr für jeden als erstrebenswert, und wir müssen uns der Frage stellen, ob wir in einer Welt ohne Geheimnisse leben können und wollen. Doch abseits dieser gesellschaftsphilosophischen Frage liegt der Kern der Wertedebatte aus Sicht der Unternehmen in einem anderen Punkt.

„Wir müssen den Kunden in den Mittelpunkt unserer Arbeit stellen!“ ist eine der meistverbreiteten Managementforderungen an die eigenen Mitarbeiter. Mancher Kunde reibt sich ob dieser Forderung verwundert die Augen und fragt sich, wo er denn früher stand? Doch in der Tat beschreibt dieser Satz einen Wandel der Geschäftsmodelle in den meisten Branchen, hervorgerufen durch die Mechanismen des Internets. Die Logik dahinter ist einfach.

Früher stand in den meisten Unternehmen das eigene Produkt im Mittelpunkt der Arbeit. Das Produkt musste so gut und so kostengünstig wie möglich produziert und ab und zu verbessert werden. Im Laden musste eine größtmögliche Aufmerksamkeit für das Produkt erreicht werden, damit es im Regal inmitten der anderen Produkte auffiel und aus der Masse der Konkurrenzprodukte heraustrat. Es war die „Ökonomie der Aufmerksamkeit“. Produkte und dazugehörige Marketingkampagnen sahen entsprechend schrill und reißerisch aus. Sie spielten mit den Emotionen der Menschen und versuchten sie zu manipulieren.

In Zeiten von asynchroner Information und Informationsherrschaft auf Seiten der Unternehmen und Verkäufer gegenüber dem Kunden war das eine passable Strategie. Doch mit der Transparenz des Internets verändert sich die Strategie. Kunden lassen sich nicht mehr manipulieren. Sie wissen nicht weniger, sondern im Zweifel sogar mehr über die Produkte als die Verkäufer. Was ist die Folge? Konsumenten können die Angebote vergleichen. Und nicht nur das. Die Unternehmen reagieren, indem sie ihre Produkte so optimieren, dass diese in den rationalen Produktvergleichen nach Preis und Leistung möglichst gut abschneiden. Also werden die Produkte weitgehend gleich: Sie können das Gleiche, sie kosten das Gleiche.

Was ist die Konsequenz für die Unternehmen? Es hat keinen Sinn mehr, das Produkt in den Mittelpunkt der Arbeit zu stellen, wenn es sich nicht mehr differenzieren lässt. Also wird der Kunde in den Mittelpunkt gestellt. Fortan geht es darum, die Lebensweisen, Eigenarten, Bedürfnisse und Wünsche des Kunden so gut wie möglich zu verstehen. Nur mit diesem Wissen haben Unternehmen noch die Chance, das eigene Produkt so an den Kunden anzupassen, dass es perfekt auf seine Bedürfnisse abgestimmt ist. Diese Informationen über den einzelnen Kunden braucht das Unternehmen früher als die Konkurrenz, idealerweise sogar bevor der Kunde sein Bedürfnis selbst erkannt und ausgesprochen hat. Dies ist die Chance zur Differenzierung und der Wettbewerbsvorteil der Zukunft.

Doch wie bekommt ein Unternehmen seine Kunden dazu, so offen und transparent wie möglich zu sein und so viele persönliche Daten wie möglich freizugeben? Es gibt nur eine überzeugende Antwort: Wenn das Unternehmen das wichtigste Grundbedürfnis des Kunden erfüllt – sein Streben nach Anerkennung. Die Sehnsucht als Mensch anerkannt zu werden ist einer der wichtigsten Treiber menschlichen Verhaltens.

Doch um dies zu schaffen hilft die alte „Ökonomie der Aufmerksamkeit“ nicht mehr weiter. Sie geht über in die „Ökonomie der Anerkennung“. Dies ist ein großer Unterschied. Denn Aufmerksamkeit bekommt man mit großen Push-Aktionen. Anerkennung hingegen entsteht durch direkten Dialog auf „Augenhöhe“. Es sind die gleichen Elemente wie in unserem Privatleben, die auch zwischen Unternehmen und Kunden zu Anerkennung führen: Um jedem einzelnen Kunden Anerkennung zu geben, müssen Unternehmen „immer ansprechbar sein“, sich mit dem Kunden „mitfreuen und mitleiden“ und den Kunden hin und wieder „mit passenden Aufmerksamkeiten überraschen“ … oder kurz gesagt: Offenheit und Transparenz!

Die Neuvermessung der Werte Offenheit und Transparenz entsteht nicht dadurch, dass Unternehmen plötzlich selbstlos und altruistisch geworden wären. Sie ist eine Reaktion darauf, dass die alten Geschäftsstrategien nicht mehr funktionieren. Und dieser Wandel ist keinesfalls nur theoretisch. Er greift tief in die Unternehmenspraxis ein: Früher waren Forschungs- und Entwicklungsabteilungen die am besten abgeschirmten Bereiche in Unternehmen. Kein Abteilungsfremder, kein Journalist, ja nicht einmal ein Fotoapparat oder ein Handy durften in die Nähe gelangen. Heute sind diese Abteilungen die ersten, die neue Arbeitsweisen wie CoOperation, CoCreation, CoLaboration und sogar CoOpetition einführen. Ihre Strategie: möglichst viele Akteure der Wertschöpfungskette vom Lieferanten bis zum Kunden in die eigenen

Konzeptions-, Produktions- und Distributionsprozesse einzubeziehen. Davon getrieben verändern sich unsere Unternehmen: wechselnde Projektteams statt starrer Abteilungen, Social Media statt autoritärer Befehlsketten, CoLaboration statt Herrschaftswissen. Damit geht ein zunehmender Kontrollverlust für die meisten Führungskräfte einher.

Wenn Offenheit und Transparenz zu ihren zentralen Unternehmenswerten gehören, dann werden Sie diese nicht mehr wie früher mit Tagen der offenen Tür, also dem gezielten, kontrollierten Gewähren von Einblicken für bestimmte Multiplikatoren (Journalisten, Shareholder, Öffentlichkeit) oder dem gezielten, kontrollierten Offenlegen von Anteilsverhältnissen und Interessenskonflikten zum Beweis Ihrer Neutralität und Unabhängigkeit erreichen. Künftig ist Offenheit das alltägliche, authentische Kommunizieren mit allen Interessierten und Transparenz das proaktive Einladen zum alltäglichen, ungesteuerten Gespräch mit allen Interessierten auf Augenhöhe und ohne Vorbedingungen.

Wie Transparenz zu Relevanz führt

Michael Hübl

Michael Hübl (Mitgründer flinc) ist einer der ambitioniertesten Start-up-Persönlichkeiten in Deutschland. Er gründete sein erstes Unternehmen mit 17 Jahren. 2012 zählte er zu den Top 100 Internetpersönlichkeiten in Deutschland. Sein aktuelles Unternehmen flinc ist die weltweit erste dynamische Mitfahrzentrale. Kunden finden Mitfahrgelegenheiten an jedem Ort, sofort und in Echtzeit, wie beim Blick auf den Fahrplan an der Bushaltestelle. Seine Vision ist ein neues Mobilitätssystem, in dem sich die Bevölkerung ihre Mobilität unter Nutzung bereits vorhandener Ressourcen selbst organisiert. Flinc wurde als bestes Start-up für die T3N Web-Awards und TechCrunch The Europas nominiert.

Ich konnte Transparenz noch nie leiden! Immer, wenn wir als Kinder „Wahrheit oder Pflicht" spielten, war ich der Pflichttyp. Ich rannte halbnackt durch die Nachbarschaft und trank Nutella-Spinat-Cocktails. Und all das nur, weil ich nicht zugeben wollte, dass ich noch nie ein Mädchen geküsst hatte (im Übrigen, Andreas, glaube ich, dass du bei dieser Frage immer geblufft hast!).

Egal, was ich machte: Ich wurde entweder bestraft oder ausgelacht. Transparenz endete für mich immer im Dilemma.

Transparenz führt zu Relevanzverlust

Dass mich Transparenz nicht nur angreifbar macht, sondern auch meinen Status gefährdet, durfte ich einige Jahre später erleben. Ich hatte ein etwas ungewöhnliches Hobby und war Platzwart in unserem Fußballverein. Jeden Sonntag ging ich auf den Sportplatz und mähte Streifen in den Rasen. Wir hatten den schönsten Sportplatz im ganzen Landkreis, und ich wurde sehr gelobt. (Rückblickend frage ich mich übrigens, wie es zu diesem Hobby kommen konnte. Wahrscheinlich wirklich nur, weil ich noch immer kein Mädchen geküsst hatte.)

Irgendwann fragte mich ein Freund, wie die Streifen in den Rasen kommen. Ich verriet ihm alle meine Tricks, und fortan teilten wir uns die Arbeit. Was ich dabei nicht bedacht hatte: Die anderen sagten nun nicht mehr: „Das hat Michael gut gemacht", sondern: „Das habt ihr gut gemacht". Ich hatte meinen Status als Platzwart Nummer eins verloren. Fortan stand ich nicht mehr im Mittelpunkt und hatte gelernt, dass Offenheit und die Weitergabe von Wissen schnell zu einem Statusverlust führen kann.

Seitdem erzähle ich niemandem mehr, wie die Streifen in den Rasen kommen. Schließlich möchte niemand seinen einmal erlangten Status verlieren. Keinen BMW zu fahren, ist nicht schlimm. Aber einen BMW zu kaufen, allen Freunden davon zu erzählen und ihn nach einem halben Jahr wieder gegen einen Opel einzutauschen – das ist es, wovor wir Angst haben. Und diese Angst lähmt uns auch im Berufsleben. Warum sollte ich mit einem Mitarbeiter kooperieren, wenn er dadurch besser wird und mich potenziell ersetzen kann?

Leider machen wir die Erfahrung, dass wir unsere Relevanz und die Wertschätzung anderer ausgerechnet dann verlieren, wenn wir offen und transparent sind. Sobald ich ehrlich bin, werde ich ausgelacht. Teile ich mein Wissen, verliere ich meinen Status als Nummer eins.

Transparenz und Offenheit führen also schnell zu einem Relevanzverlust. Ich rate Ihnen, einen möglichst großen Bogen darum zu machen.

Relevanzverlust betrifft nur die Relevanten

Schaut man sich als Manager heutzutage die Titelstorys einschlägiger Unternehmensmagazine an, kann man schnell verzweifeln. „Transparenz als Erfolgsfaktor“ oder „Offenheit ist das Gebot der Stunde“ ist dort zu lesen, wo früher Worte wie „Gewinnmaximierung“, „Outsourcing“ und „Patentschutz“ standen. Als gäbe es keine anderen Probleme!

Mit einigen dieser Manager redete ich, als ich nach dem Studium mit einem Kollegen beschloss, die flinc AG zu gründen. Wir hatten noch relativ wenig Ahnung von Unternehmensgründung und versuchten, uns von möglichst vielen erfahrenen Mentoren Rat zu holen. Die häufigsten Antworten auf unsere Fragen waren Sätze wie: „Redet mit niemandem über eure Idee, bis ihr sie nicht geschützt habt“, „Passt auf, dass euch niemand eure Idee klaut“, „Vertraut niemandem“. Man gab uns das Gefühl, dass nur der erfolgreich sein kann, der sich möglichst effektiv verschließt. Meine Erfahrung von früher sagte mir, dass dies vollkommen richtig sei. Wir nahmen uns den Rat zu Herzen und redeten nur noch mit uns vertrauten Personen.

Nach einigen Wochen stellten wir fest, dass wir keine Fortschritte machten. Wie sollten wir eine Firma gründen, wenn wir keine neuen Eindrücke gewannen? Wie sollten wir wissen, ob unsere Idee gut war, wenn uns niemand Feedback dazu gab? Und warum wurden all die anderen Internet-Start-ups erfolgreich, obwohl sie lange Zeit vor ihrem Launch bereits ihre Ideen bloggten und twitterten?

Also beschlossen wir, unsere Angst abzulegen und uns zu öffnen. Wir redeten mit jedem, der uns über den Weg lief. Wir reisten zu vielen Gründungsveranstaltungen und präsentierten überall unsere Idee. Zuerst bekamen wir Feedback, um unser Produkt besser zu machen. Dann bekamen wir Rat, wie wir am besten ein Unternehmen gründen könnten. Und am Ende bekamen wir das Kapital, um die ersten Gehälter zu zahlen. Unsere Offenheit machte uns innerhalb weniger Monate von Studenten zu den Besitzern unserer eigenen Firma. Und damit änderte sich auch meine persönliche Meinung über Offenheit und Transparenz.

Als wir damit anfingen, unsere ersten Mitarbeiter einzustellen, machten wir uns Gedanken über unsere Unternehmenswerte. Wie sollten unsere Mitarbeiter flinc wahrnehmen? Wie soll es sich anfühlen, für uns zu arbeiten? Wir fragten uns, wie eine Firmenkultur aussehen sollte, in der wir gerne arbeiten würden und etablierten flache Hierarchien und eine offene Unternehmenskultur. Diese Werte übernahmen wir nicht aus Managementhandbüchern und sie wurden uns nicht von Beratern empfohlen. Es waren schlicht die Werte, die wir bereits selbst lebten und mit denen wir positive Erfahrungen während der Gründungszeit gemacht hatten.

Betrachtet man andere Start-ups, wird man feststellen, dass dort ebenfalls eine ähnlich offene Unternehmenskultur gelebt wird. Und redet man mit Mitarbeitern darüber, was sie am meisten an der Arbeit in Start-ups schätzen, stehen Offenheit und Transparenz ganz oben. Wieso werden diese Werte, im Gegensatz zu vielen persönlichen Erfahrungen, in Start-ups als positiv empfunden? Haben wir nicht gelernt, dass sie uns schaden und zu Relevanzverlust führen?

Tatsächlich ist es so, dass nur derjenige Relevanz verlieren kann, der auch relevant ist. Allerdings haben Menschen, die Start-ups gründen oder bei ihnen arbeiten, meistens noch keine lange Berufserfahrung. Die meisten kommen direkt aus den Universitäten oder haben maximal eine Praktikantenkarriere hinter sich. Auch ich sprang sprichwörtlich direkt aus dem Hörsaal in den Chefsessel. Und um ehrlich zu sein: In dieser Position war ich noch niemals in meinem Leben relevant gewesen. Wer keinen BMW hat, kann ihn nicht verlieren. Wer noch nie Chef war, kann einfach flache Hierarchien etablieren, sich öffnen und Verantwortung abgeben.

Deshalb fällt es vielen Start-ups leichter, einen offenen und transparenten Prozess zu definieren, als einem etablierten Unternehmen. Denn dort blockiert die Angst vor Relevanzverlust vor allem die Mitarbeiter, die schon jahrelang in festen Strukturen arbeiten. Aber ist diese Angst berechtigt? Und wie kann man sie bekämpfen?

Wer transparent ist, ist relevant!

Wer Offenheit als Unternehmenswert definiert, bei dem werden sich mit der Zeit automatisch Prozesse etablieren, die diesen Wert unterstützen. Zwei dieser Prozesse, die mir bei flinc besonders gut gefallen, sind die Feature Hour und das tägliche Stand-up-Meeting.

In der Feature Hour können Mitarbeiter ihre eigenen Ideen für Produkte einbringen. In einem einstündigen Workshop nennt jeder Mitarbeiter die für ihn wichtigste Produktverbesserung. Für den Designer ist das zum Beispiel ein Redesign, für den Supportmitarbeiter ein oft gewünschtes Feature und für den Programmierer eine Datenbankoptimierung. Die Verbesserungen sind meistens so unterschiedlich wie die Aufgaben der Mitarbeiter und haben neben dem Generieren von Ideen noch einen viel wichtigeren Wert: Sie machen Probleme transparent und fördern die Kommunikation.

Schlägt ein Programmierer eine Datenbankoptimierung vor, so wird er es vermutlich mit bevorstehenden Performanceproblemen und einer damit verbundenen Beeinträchtigung der Nutzung begründen. Die Mitarbeiter werden sich in diesem Fall wahrscheinlich darauf einigen, dass es wichtiger ist, die Nutzung sicher zu stellen als neue Features zu implementieren. Anstatt den Programmierer für das zukünftige Problem verantwortlich zu machen, werden sie ihn bei der Lösung unterstützen, da jedem der Mehrwert bewusst ist. Der Programmierer gewinnt an Relevanz, weil er Mehrwert schafft.

Das tägliche Stand-up-Meeting dauert 15 Minuten und findet immer nach dem Mittagessen statt. Jeder Mitarbeiter sagt, woran er in den letzten 24 Stunden gearbeitet hat und was sein Ziel bis zum nächsten Meeting ist. Außerdem berichtet er über Probleme, die ihn bei seiner Arbeit behindern. Nach dem Meeting entwickeln sich häufig Zweierteams, die gemeinsam an ihren Zielen arbeiten. Oftmals ergeben sich zudem Gespräche, die zum Wissens- und Meinungsaustausch führen. Bei flinc berichtet in diesem Meeting auch das Managementteam von seinen Aufgaben.

In diesen 15 Minuten macht sich jeder vollkommen transparent. Dennoch wird das Meeting nicht als Überwachung, sondern als mehrwertschaffend empfunden. Indem man sichtbar macht, was man erreicht hat, zeigt man, wie wertvoll man ist. Kommuniziert man Probleme, erhält man Hilfe. Redet man von seinen Zielen, findet man Unterstützer. Kurzum: Man macht sich wichtig. Und je transparenter man ist, desto wichtiger wird man. Transparenz sorgt in diesem Fall für einen Relevanzgewinn.

Die Mitarbeiter profitieren von Transparenz, weil sie an Einfluss gewinnen. Das führt in der Regel zu mehr Motivation und steigert die Effizienz. Am Ende steht ein leistungsfähiges Team, das bessere Produkte in kürzerer Zeit umsetzt. Diese Verbesserung führt im Idealfall zu höherer Kundenzufriedenheit und höheren Absatzzahlen, das Unternehmen gewinnt an Marktrelevanz. Und davon profitiert letztlich das Management.

Ich wollte nie transparent sein – wichtig hingegen schon. Mittlerweile habe ich gelernt, dass mein Einfluss wächst, wenn ich mich öffne. Transparenz und Offenheit führen nicht zu einem Relevanzverlust, sondern zu einem Relevanzgewinn. Wer das begreift, kann großartige Veränderungen in einem Unternehmen vollziehen. Und lassen Sie sich niemals von Mädchen und Fußballfans etwas anderes erzählen!

Die Nonstop-Echtzeitbeziehung

Christian Behrendt

Christian Behrendt (Gründer, Pay with a Tweet) ist Executive Creative Director der führenden Digital- und Kreativagentur Razorfish in Sydney, Australien. Er gründete das erste Social-Media-Paymentsystem „Pay with a Tweet", bei dem man mit dem Wert seines sozialen Netzwerkes bezahlen kann. Zuvor war er Creative Director der Digital Agentur R/GA in New York, den Erfindern von Nike+ und dem Nike Fuel Band. Das amerikanische Branchenmagazin Adweek kürte ihn zu einem der Top 10 Creative Minds in Digital. 2012 gewann er das renommierte Executive MBA-Stipendium der Berlin School of Creative Leadership. In seiner Karriere hat Christian Behrendt international mehr als 160 Preise und Auszeichnungen gewonnen, darunter den Titanium Grand Prix und den Cyber Grand Prix des Advertising Festivals in Cannes – zwei der weltweit höchsten Auszeichnungen in der Kreativbranche.

Viele Unternehmen, die glauben, dass sie über eine gute Beziehung zu ihren Kunden verfügen, haben mit ihnen eigentlich nur eine Teilzeitbeziehung – oder, wenn man es noch mehr auf die Spitze treiben möchte, gelegentliche One-Night-Stands. Warum? Weil sie sich nur ein- oder zweimal die Woche um die Bedürfnisse ihrer Kunden kümmern – und zwar dann, wenn ein Kunde ihr Geschäft betritt oder ihre Website besucht. Zwar bezeichnen viele Unternehmen ihre Kunden als „treu", nachdem sie ihren Laden mehrmals besucht und etwas gekauft haben. Aber ist das wirklich ein treuer Kunde? Oder war er vielleicht nur zufällig in der Gegend und wusste nicht, wohin er sonst gehen sollte?

Viele Unternehmen finden das niemals heraus. Und das ist schade, denn es gab nie eine bessere Zeit als heute, um die Beziehung zum Kunden zu verbessern und ihm so nah wie möglich zu sein. Diese Evolution der Kundenbeziehung ermöglicht es Ihnen, einen besseren Einblick in die Bedürfnisse ihrer Klientel zu erhalten. Das hilft nicht nur, mehr Produkte zu verkaufen, sondern vielleicht auch Ihren Service oder Ihre Produkte zu verbessern – oder sogar neue Produkte zu erfinden, an die Sie noch gar nicht gedacht hatten. Aber was ist passiert, dass Sie heute plötzlich so nah an Ihrem Kunden sein und so viel Neues über ihn erfahren können?

Soziale Netzwerke sind zum Mainstream geworden, und die Verbreitung von Smartphones hat rasant um sich gegriffen – das ist passiert. Und beides wird immer besser, intelligenter und persönlicher, mit jedem neuen Facebook-Benutzer, der sich anmeldet und mit jedem innovativen Technologie-Start-up, das neu gegründet wird. Jeden Tag werden Social-Media-Plattformen und mobile Dienste anspruchsvoller und stärker in diejenigen Unternehmen integriert, die sich ihre Vorteile zunutze machen; gleichzeitig entwickeln sich die Anwendungen und Apps weiter, über Medien und Marketing hinaus, und haben eine immer größere Auswirkung auf die gesamte Organisation eines Unternehmens. In punkto Kundennähe bedeuten diese Entwicklungen einen Quantensprung: Früher wurde der Verbraucher aus einer gewissen Distanz beobachtet. Man versuchte zwar etwas über seine Bedürfnisse und Wünsche zu erfahren – meist durch teure Marktforschung, mit der man sich hin und wieder dem Kunden zu nähern suchte – dabei näherte man sich in Wirklichkeit lediglich ein paar ausgewählten Testpersonen.

Aber um ihren Kunden so nahe zu kommen und sich ihre Erlaubnis zu verdienen, so nah an ihnen dran zu bleiben, muss eine Marke mehr tun als bloß ein paar Gutscheine und kostenlose Goodies anzubieten. *Marken und Unternehmen müssen Wege finden, mit dem Verbraucher nicht nur zu sprechen, sondern ihm einen wirklichen Nutzen zu bieten.* Das kann eine Dienstleistung sein, ein Tool, relevante Inhalte oder eine Lösung für ein Problem; etwas, das ihm niemand zuvor bieten konnte. Mittlerweile sind Facebook-Seiten und Twitter-Feeds zu Eckpunkten der Interaktion zwischen Unternehmen und Verbrauchern geworden, und wir können von denjenigen Marken lernen, die eine echte Wissenschaft daraus gemacht haben, Community-Diskussionen zu steuern und ihren Kundenservice zu kanalisieren.

6 Regeln, wie man im Zeitalter der sozialen Netzwerke mit seinem Kunden in Verbindung bleibt

Ich habe gemeinsam mit meinem Kreativ-Partner Leif Abraham in den vergangenen Jahren an unzähligen Social-Media- und Mobile-Projekten gearbeitet. Die wichtigsten Erkenntnisse möchte ich Ihnen in den folgenden sechs Regeln zusammenfassen. Sie führen zu einem besseren Verständnis der Veränderungen der letzten Jahre und der neuen Möglichkeiten, sich besser und nachhaltiger den Kunden zu nähern.

Regel 1: Zuhören und helfen

Viele Marken und Unternehmen sehen Social Media und mobile Dienste lediglich als zusätzliche Kommunikationskanäle, die sie füllen und ihrem Medienmix hinzufügen müssen, aber sie versäumen die große Chance, sie auch als Servicekanäle wahrzunehmen. Wenn Sie das verstehen und erkennen, welches Potenzial es für Ihre Marke oder Ihr Unternehmen hat, dann sind Sie den meisten Ihrer Mitbewerber schon einen großen Schritt voraus. Denn ein Verständnis dafür, dass Social Media und mobile Services Bereiche sind, in denen Sie Ihren Kunden einen Dienst anbieten können, wird Ihnen helfen, eine ganz neue Ebene der Kundenbeziehung und -intimität zu erreichen. Und welchen besseren Weg kann es geben, eine Beziehung zu pflegen und dabei Einblicke zu gewinnen, als Ihren Kunden einen Service anzubieten, den diese als hilfreich und relevant für ihren Alltag einschätzen?

Der Kundenservice kann sich dadurch große, bislang ungenutzte Bereiche und Möglichkeiten erschließen. Anstatt Mitarbeiter umzuschulen oder den Kunden telefonisch Änderungen zu kommunizieren, ermöglicht die Nutzung sozialer Tools einer Marke, sich viel besser und schneller anzupassen. Die tatsächliche Chance liegt darin, die Social Media justitiabel zu machen und real im Leben der Menschen zu verankern. Facebook erlaubt es Verbrauchern heute, auf lokaler Ebene auf Informationen zuzugreifen – und das resultiert direkt in Transaktionen. Es gibt eine starke Tendenz, Fragen an den Kundenservice über soziale Kanäle abzuwickeln und nicht mehr auf der Homepage eines Unternehmens. Dies bewirkt zweierlei. A: Die öffentliche Darstellung einer erfolgreichen

Einzellösung kann eine Menge Redundanzen einsparen, die entstehen, wenn wieder und wieder dieselben Probleme gelöst werden müssen. Und B: Sie schafft ein Umfeld, in dem die Verbraucher das Gefühl haben, dass ihnen jemand zuhört – ein öffentliches Forum, in dem Verbraucher Informationen erhalten und sich beteiligen können ohne Stunden am Telefon verbringen zu müssen.

Ich habe meine eigenen Erfahrungen mit der Verwendung von Social Media und mobilen Diensten bezüglich der Bedürfnisse im Bereich der Kundenbetreuung gemacht, als ich zusammen mit meinem Kreativ-Partner Leif Abraham bei der Werbeagentur Crispin, Porter + Bogusky in Boulder, Colorado arbeitete. Diese Agentur war zu jener Zeit eine der weltweit meistausgezeichneten Agenturen und bekannt dafür, dass sie mit digitalen und sozialen Medien experimentierte, um bessere Kundenerlebnisse zu schaffen und für eine größere Bekanntheit der Werbekampagnen zu sorgen, die sie für ihre Kunden entwickelte.

Ein gutes Beispiel für den Einsatz von Social Media und Mobile zur Schaffung eines relevanten und hilfreichen Dienstes, um Kundenbindung und Service zu verbessern, war ein Projekt namens „Twelpforce“, an dem ich während meiner Zeit bei Crispin, Porter + Bogusky arbeitete.

Fallbeispiel: Twelpforce

„Twelpforce“ war eine Innovation im Bereich Social Media und Service, die 2009 für einen Kunden der Agentur entwickelt wurde, einen führenden Elektrofachmarkt in den USA, vergleichbar mit Media Markt und Saturn in Deutschland. Die Idee hinter dem „Twelpforce"-Service ist ganz einfach: Eine ganze Reihe Kundendienstmitarbeiter des Unternehmens wurden auf Twitter registriert, um im Twitter-Stream auf aufkommende Fragen und Probleme hinsichtlich ihrer Produkte und Dienstleistungen reagieren zu können. Der Service-Name „Twelpforce" entstand wie folgt: Tweet + Help = Twelp + „Force" = Twelpforce.

Twitter[11], der Microblogging-Dienst, der es seinen Nutzern ermöglicht, Textnachrichten („Tweets") mit einem Umfang von bis zu 140 Zeichen zu lesen und zu senden, war im Jahr 2009, als „Twelpforce" startete, erst rund zwei Jahre online, genoss aber bereits eine hohe Popularität unter Technikfreaks und Erstanwendern, von denen die meisten ohnehin zu den Stammkunden des betreffenden Elektronikfachmarkts zählten. Zu jener Zeit wurde der CMO dieses Einzelhändlers zu einer der bekanntesten Stimmen in diesem Segment auf Twitter.

Diese Führungsrolle war für die Follower auf Twitter durchaus sichtbar; da der CMO allein aber nicht auf alle Anfragen persönlich antworten konnte, wurde schnell klar, dass das Unternehmen einen anderen Weg finden musste, sich das vorhandene Technik-Know-how zunutze zu machen, um auf die Fragen der Kunden persönlich einzugehen. Das Konzept „Twelpforce" war geboren. Es funktioniert so: Mitarbeiter registrieren sich, um am Programm teilzunehmen, und sind befugt, sich online über Twitter (und in einem geringeren Ausmaß auch über Facebook) mit Kunden auseinanderzusetzen, die Probleme oder Fragen zum Service haben oder sachkundige Produktempfehlungen suchen. Betrachten Sie das Ganze als eine Art Social-Media-Concierge-Service, der sicherstellen soll, dass Sie das Beste kaufen, was das Geschäft zu bieten hat. Im Gegensatz zur herkömmlichen Kundenbetreuung ist der Zugriff seitens der Mitarbeiter bei „Twelpforce“ nicht auf eine ausgewählte Gruppe hoch qualifizierter Mitarbeiter beschränkt.

Jeder Mitarbeiter kann etwas beitragen, und es gibt Protokolle, Leitlinien und Prinzipien, die ihr Engagement und ihre „Authentizität“ mit den Zielen der Marke in Einklang bringen. Das Außergewöhnliche an „Twelpforce“ ist, dass es sich eines bereits vorhandenen Pools an internen Fachkräften bedient, die die Möglichkeit begrüßen, auf diesem Wege ihr Wissen mit den Kunden zu teilen. Diese Experten sind bereit, willens und in der Lage hier zu helfen. Da das System so entwickelt wurde, dass jede Reaktion einem bestimmten Mitarbeiter zugeordnet werden kann, kann jeder „Twelpforce“-Repräsentant persönlich auf seine Teilnahme stolz sein.

Was können wir daraus lernen? Am besten pflegt man Loyalität und Verbundenheit, indem man nachweisbar ein Anliegen anspricht oder ein Problem löst. Das Unternehmen hat erkannt, dass die Unterhaltungselektronik zahlreiche Möglichkeiten dazu bietet. Social Media sollten zur Lösung von Problemen dienen, und sie sollten sich in der Interaktion mit Konsumenten auf „Pain Points“ konzentrieren. In vielerlei Hinsicht haben sie den Fokus weg vom Callcenter und hin zu einem viel expansiveren Forum verlagert, das den Bedürfnissen der Verbraucher entgegenkommt und sie miteinschließt. Im Zuge dieser Entwicklung übertraf „Twelpforce“ auf dramatische Weise die Erwartungen.

Der Dienst wirft eine wichtige strategische Frage auf: Zählen leidenschaftliche Mitarbeiter zu den effektivsten Werbeträgern? Hier muss erwähnt werden, dass Mitarbeiter ein relativ hohes Vertrauen seitens der Verbraucher genießen. Dies ist ein wichtiger Punkt, über den wir beginnen können, das Personalwesen als Marketingtool zu begreifen. Da zu diesem Zeitpunkt über 3000 Mitarbeiter aktiv am Programm teilnehmen, muss man sich fragen, ob Marken mit Mitarbeitern als „Fachexperten" über einen weitgehend ungenutzten Wettbewerbsvorteil verfügen. Das Wichtigste hierbei ist, Richtlinien zu haben, die dafür sorgen, dass zwischen der Authentizität beziehungsweise Aufrichtigkeit und den Zielen der Marke die richtige Balance herrscht.

Vielleicht liegt die Zukunft der Werbung weniger darin, „Impressions" zu kaufen, als vielmehr darin, durch Service zu beeindrucken. Während man „Twelpforce" oberflächlich betrachtet als kurzfristigen Marketingtrick wahrnehmen könnte, ist es in Wahrheit eher eine Goldader, die gerade erst angezapft wurde. „Twelpforce" bietet einen Pulsmesser in Echtzeit, mit dem man den Twitter-Feed nutzen kann um Banner-Werbetexte anzupassen, damit sie Topthemen abbilden wie Smartphone-Zubehör, Erscheinungstermine neuer Games oder lokalisierte Leerstände. Soziale Daten sind von unschätzbarem Wert, nicht nur für den Unterhaltungselektronikhändler, sondern für alle Vermarkter, denn sie können ihnen dabei helfen zu erfahren, wie ihre Kampagnen, Programme oder Dienstleistungen in der realen Welt funktionieren und sie können die Entscheidungsfindung für neue Inhalte und neue Kommunikation erleichtern. Eine Vorgehensweise, die sich zu bewähren scheint, besteht darin, gleich bei der Planung einer Kampagne eine Messstrategie zu implementieren, die Lernen, Verantwortung und kontinuierliche Verbesserung erleichtert. Sie sollten sich also fragen: Wie kann ich die bestehenden sozialen und mobilen Kanäle und Plattformen auf neue und innovative Art und Weise nutzen, um meinen Kunden gegenüber an Relevanz zu gewinnen und ihnen besser zu helfen?

Regel 2: Werden Sie persönlich

Eine weitere Möglichkeit, die Beziehung zu Ihren Kunden zu vertiefen, ist, ihnen etwas Individuelles und Persönliches zu bieten, das sie nirgendwo anders bekommen und das sie stets mit Ihrem Unternehmen oder Ihrer Marke verbinden werden. Bevor ich im digitalen Bereich tätig war, arbeitete ich viele Jahre im Musikbusiness, und meine Kunden damals waren die Fans der Bands, die ich vermarktete. Da ich der Musik- und Unterhaltungsbranche immer noch leidenschaftlich verbunden bin, versuche ich, mit meinen Erfahrungen im Bereich digitaler Kanäle und Social Media jungen Künstlern Hilfe zur Selbsthilfe zu geben und sie dabei zu unterstützen, neue und bessere Wege zu finden, mit ihren Fans Kontakt aufzunehmen und zu pflegen. Dieses Beispiel soll Ihnen zeigen, wie Sie Ihren Kunden etwas Persönliches bieten, das diese später vielleicht mit ihren Freunden auf Facebook & Co. teilen können; es ist ein Projekt, das ich in New York zusammen mit einem Team befreundeter Kreativer[12] entwickelt habe.

Fallbeispiel: Das „Track Me"-Projekt

Das Projekt nannte sich „Track Me" und war ein Social-Media-Experiment für die Band „Riot in Paris", eine Alternative-Rap-Band aus Brooklyn, New York. Es sollte ein neuer und innovativer Weg sein, sie besser und nachhaltiger mit ihren bestehenden Fans zu verbinden und die Band bekannter zu machen. Also launchten wir eine Kampagne, die den Fans nicht nur ein einmaliges musikalisches Erlebnis bot, wie es viele andere Marketingkampagnen im Entertainmentbereich tun – nein, wir boten ihnen etwas viel Nachhaltigeres und Persönlicheres. Etwas, das sie nicht nur einmal mit ihren Freunden und Followern auf Facebook und Twitter teilen und danach wieder vergessen sollten, sondern mit dem sie sich auch noch lange nach dem Ende der Kampagne beschäftigen würden. Denn wir dachten uns: Was passt besser zum Fan einer Band als ein Song? Und zwar einer, der nicht nur für ihn gesungen wird – sondern ÜBER ihn? Und das tat die Band! Ausgewählte Fans erhielten einen persönlichen Song, in dem es um ihr Leben in den Social Media ging. Geschrieben, produziert und gespielt von einer echten Band aus Brooklyn.

Es funktionierte so: Vier Wochen lang verwandelte die Band die Social-Media-Profile ihrer Fans in personalisierte Songs, die sich der Tatsache bedienten, dass dank der transparenten sozialen Medien genügend Informationen zur Verfügung stehen, um Songs über wildfremde Personen schreiben. Um es mit den Worten der Band zu sagen: *„Mit all dem Zeug, das ihr auf Facebook und Twitter postet, den Orten, wo ihr über Foursquare eincheckt, oder den Fotos, die ihr über Instagram und Flickr hochladet, kann man im Netz eine ganze Menge über eure Persönlichkeit* *erfahren ... oder vielleicht sogar einen ganzen Song darüber schreiben.“*

Anfang 2012 riefen wir das „Track Me“-Projekt ins Leben, und ab Februar 2012 ging die Band vier Wochen lang jeden Tag ins Studio, um Songs über die Social-Media-Identitäten ihrer Fans zu schreiben, aufzunehmen und zu veröffentlichen. Jeder, der einen Song über sich wollte, musste nur die Website www.RiotTrackMe.com besuchen und auf den „Track Me“-Button in der Mitte der Seite klicken. Das aktivierte einen Tweet der auf den Button klickenden Person, der es der Band erlaubte, Tweets, Facebook-Einträge, Kommentare, Vorlieben und Instagram-Fotos dieser Person einzusehen – fast alles, was man über sie oder ihn bei einer Google-Suche fand.

Die Band entdeckte einige sehr interessante Dinge, während sie sich mit all diesen Menschen beschäftigte. Und nicht nur der Content, den die Band im Social Web fand, wurde in Songzeilen verwandelt – jeder Track bekam seinen ganz eigenen musikalischen Charakter. Ein Russe zum Beispiel war ein solcher Waffennarr, dass sie ihm ein Lied widmeten, das sie „FPS Russia“ nannten. Nicht politisch korrekt, aber für eine Alternative-Rap-Band immer noch im grünen Bereich:-). Ein Mädchen, das „Track Me“ anklickte, twitterte, sie wünsche sich, dass die Menschen ihre Gefühle in Pantone-Farben ausdrücken könnten. Das war ein toller Aufhänger für die Band, um einen Song zu schreiben. Ein anderes Mädchen twitterte und postete über ihren harten Alltag als Studentin, und die Band verwandelte all ihre Tweets in einen einzigartigen Song.

Nicht nur, dass täglich Hunderte über die Aktion twitterten und den „Track Me“-Button anklickten: Gleich nach dem Start der Kampagne berichteten Blogs, Zeitungen und Magazine weltweit darüber. Nach einem Tag gab es bereits Features über uns auf mehreren Branchennews-Internetseiten und auf diversen Social-Media-Blogs; dem folgten Erwähnungen in der Fachpresse, und das hatte wiederum zur Folge, dass die Kampagne zusätzlich angekurbelt wurde. Dies führte mehr und mehr Menschen auf die „Track Me"-Website, die darüber dann twitterten, und so blieb die Viral-Marketing-Maschine konstant am Laufen.

Innerhalb von nur vier Wochen schaffte es die Kampagne auf die wichtigsten Musik- und Social-Media-Seiten und -Blogs, erreichte Hunderttausende von potenziellen neuen Fans und brachte die Band schließlich ins Spotlight von MTV. Die Band wurde für die MTV Music Awards in der Kategorie „Most Extreme Fan Outreach" nominiert, neben bekannten Künstlern wie Bon Jovi, Snoop Dog, Taylor Swift und Deadmau5. Am Ende gewann sie sogar und war die erste Band ohne Management und Plattenvertrag, die diese Auszeichnung bekam.

Aber neben ihrem ersten MTV Music Award, der Medienresonanz und den Buchungen für Auftritte, die der Kampagne folgten, war noch beachtenswerter, welche Wirkung die persönlichen Songs auf ihre Fans hatten. Die emotionalen Reaktionen der Fans beim Hören ihrer Songs waren äußerst intensiv. Die enorme Anzahl der Freunde, die diese Songs auf ihrer Facebook-Pinnwand kommentierten und auf „Gefällt mir" klickten, war Beweis genug, dass wir den Fans etwas Persönliches und Exklusives boten, das sie auf diese Weise und in dieser Qualität nirgendwo anders bekommen hätten. Die Folge: lebenslange Markenbotschafter sowie Gratis-PR und Medienpräsenz, die die Band niemals hätte erreichen können, selbst wenn sie dafür bezahlt hätte.

Nun sind Sie keine Band aus Brooklyn. Was bedeutet das also für Ihr Unternehmen? Sie sollten etwas Persönliches kreieren, aber dabei auch langfristig denken und eine Contentstrategie entwickeln, mit der Sie Ihre Kunden, Facebook-Fans und Twitter-Follower konstant beschäftigen. Wenn Sie keinen stetigen Fluss von Inhalten generieren, mit denen man interagieren kann und die man teilen will, sorgen die Algorithmen dafür, dass die Inhalte auf Ihrer Facebook-Wall nicht mehr in den Newsfeeds der Fans angezeigt werden – was zur Folge hat, dass Sie aus dem Fokus Ihrer Zielgruppe verschwinden und somit irrelevant werden.

Regel 3: Niemals langweilig sein

Mobile Apps erobern den Mainstream, sie werden intelligenter und bieten dem Benutzer einen Service, den er nie zuvor bekommen hat; doch zugleich werden die Kunden immer anspruchsvoller. Oft reicht es nicht mehr, einen entsprechenden Dienst auf dem Smartphone über eine App anzubieten, denn Sie konkurrieren dort ja nicht nur mit den Mitbewerbern in Ihrer Marken- oder Produktkategorie, sondern auch mit den „Angry Birds“[13] und all den anderen Spiel- und Entertainment-Apps, die Seite an Seite mit Ihrer App im App-Store zu finden sind. Und das ist eine echte Herausforderung, wenn Sie eine führende amerikanische Gewürzmarke sind und möchten, dass Ihre Kunden, hauptsächlich Mütter, sich auch auf ihren Handys mit Ihrer Marke und Ihren Rezepten beschäftigen.

Genau in dieser Situation waren wir Mitte 2011, als ich als Creative Director für diese Marke zuständig war und dachte, neben all diesen informativen, aber ziemlich gewöhnlichen Rezepte- und Koch-Apps der Konkurrenz müsste es doch einen unterhaltsameren Weg geben, die Kunden über das Smartphone an sich zu binden. Und den gab es.

Für die Gewürzmarke war es oberste Priorität, ihren Kunden über das Smartphone Rezepte zu empfehlen, denn je mehr dieser Rezepte sie verwendeten, desto höher war die Chance, dass sie auch die Produkte des Unternehmens für ihre Gerichte benutzten. Das Problem war nun, dass es bereits Hunderte solcher Rezepte- und Koch-Apps im App Store gab. Daher entwickelten wir eine Anwendung, die zwar immer noch Kochtipps und Rezepte enthielt, aber dennoch eine neuartige, unterhaltsame und innovative Experience bot, die sich von der Konkurrenz abhob. Und diese Idee entstand rund um eine universelle Erkenntnis: dass Technologie die Familie heutzutage davon abhält, zusammen bei Tisch zu sitzen und SMS, E-Mails, TV, Computerspiele oder Facebook es einer Mutter immer schwerer machen, ihre Familie dazu zu motivieren an den Esstisch zu kommen.

Fallbeispiel: The Digital Dinnerbell

Deshalb erfanden wir eine mobile App für Smartphones als zeitgemäßen Weg für Mütter und Väter, ihre Kinder zum Abendessen zu rufen: Man lädt die App einfach aus dem Android-App-Store herunter und wählt eine „Dinnerbell“ (zu Deutsch „Tischklingel“) aus, die zum Essen passt, das man gerade kocht und für das die Marke Gewürze und Marinaden anbietet. Danach fügt man die betreffenden Familienmitglieder der Gästeliste hinzu und gibt ein, über welche Social-Media-Kanäle sie am besten zu erreichen sind. Jetzt muss man nur noch das Handy schütteln, so als würde man eine Tischklingel bedienen, um die Familie zum Essen zu bitten. Das ist schon alles.

Die App sendet nun automatisch die Nachricht „Das Essen ist fertig!“ per SMS, E-Mail, Facebook-Nachricht oder sogar als Anruf an die einzelnen Familienmitglieder. Zudem speichert die App die Social-Media-Informationen der Familie, so dass man beim nächsten Mal nur noch die zum Rezept passende „Dinnerbell“ auswählen und das Telefon schütteln muss, um alle dort zu haben, wo man sie haben möchte – am Esstisch.

Im Ergebnis half die digitale „Dinnerbell“, das Image der Marke zu modernisieren und zugleich Mütter anzusprechen und ihnen zu helfen, in der Küche etwas Neues auszuprobieren. Im ersten Monat gab es insgesamt 144.000 Downloads, 92 Prozent mehr als erhofft, und 154.902 Rezepte wurden über die App angesehen – mit Letzterem verdient die Gewürzmarke ihr Geld, demnach war sie mit dem Ergebnis äußerst zufrieden. Wir haben Begeisterung geweckt und positives Feedback erhalten, mit 342 Bewertungen und durchschnittlich 4 von 5 Sternen.

Am Ende fand sich die digitale „Dinnerbell“ mit mehr als 1000 Downloads pro Tag unter den Top 10 in der Kategorie Lifestyle des Android Marketplace. Damit ist es uns gelungen, den Kunden einerseits etwas Relevantes und Nützliches zu bieten (Rezepte zu finden), und andererseits spielerisch Spaß zu bringen (die Familie durch Schütteln des Handys zu erreichen). Das Wichtigste jedoch war, dass wir unserer eigenen Regel treu geblieben waren: nicht langweilig zu sein. Sie sollten sich also fragen, wie Sie Ihren Service oder Ihr Produkt mit neuen, interessanten Einblicken oder einer unterhaltsamen Komponente aufpeppen können, damit es sich von der Masse abhebt.

Regel 4: Gamifizierung als verbindendes Element

Der Begriff „Gamifizierung" bezeichnet die Anwendung spieltypischer Mechanismen und Designtechniken in einem spielfremden Kontext. Typischerweise soll Gamifizierung die Verwendung spielfremder Anwendungen und Prozesse beeinflussen und Menschen dazu ermutigen, diese Anwendungen anzunehmen. Die Gamifizierung ist auch eine gute Möglichkeit, Technologie ansprechender zu machen, was manchmal sehr wichtig ist, wenn Ihre Kunden nicht gerade mit all diesen neuen Social-Media- und Mobile-Tools vertraut sind, die in den letzten Jahren auf den Markt gekommen sind.

Wir sahen uns im Sommer 2011 solch einer schwierigen Zielgruppe gegenüber: Männer Anfang 30 bis Mitte/Ende 50, die gern grillen und köstliches, gegrilltes Rindfleisch lieben. Mag sein, dass diese Zielgruppe ein „wenig" mehr technisch interessiert war als ihr weibliches Gegenstück. Aber sie dazu zu bringen, eine bestimmte Grillgewürzmarke häufiger zu verwenden, mit ihr in den Social Media zu interagieren und vielleicht sogar ihren Freunden auf Facebook davon zu erzählen – das war eine echte Herausforderung für mich und meinen Kreativ-Partner Leif Abraham, damals als Kreativ-Direktoren für diesen Grillgewürzkunden zuständig.

Wir näherten uns dieser Herausforderung mithilfe der Gamifizierung, und das half uns, eine bislang wenig motivierte Social-Media-Benutzergruppe zu aktivieren. Wie? Indem wir „gamifizierten", was die Kunden dieser Marke am meisten liebten – das Grillen –, und sie mit dem Spiel dorthin brachten, wo wir sie haben wollten: in das Social und Mobile Web. Genauer gesagt: zu Foursquare. Dieses standortbezogene Social Network für mobile Geräte, in dem der Benutzer mit seinem Smartphone an einem Ort „einchecken", bei jedem „Einchecken" virtuelle Abzeichen verdienen und sogar virtueller „Bürgermeister" werden kann, wenn er an einem Ort am häufigsten „eingecheckt" hat, war im Lauf der Jahre zuvor relativ schnell expandiert. Dennoch hatten die großen Marken dort bislang relativ wenig investiert, trotz einer potenziell attraktiven Rendite in Form von Daten über das Verhalten von Verbrauchern und die Möglichkeit, sie direkt am Point of Sale zu beeinflussen. Wir konnten unseren Grillgewürzklienten davon überzeugen, diese ungenutzte Chance zu ergreifen und riefen auf Foursquare einen Social-Mobile-Wettbewerb ins Leben.

Seit der Erfindung von Foursquare gab es virtuelle Bürgermeister für alle möglichen Marken, beispielsweise einen „Starbucks"-Bürgermeister, und für alle möglichen Orte, wie beispielsweise „Hundewiesen"-Bürgermeister und sogar „Parkbank"-Bürgermeister. Aber für die Grillgewürzmarke und für uns war das Grillen eine ernste Angelegenheit! Und als wir unsere „Sommer-Grill-Kampagne" auf Foursquare launchten, wollten wir nicht nur einfach einen Bürgermeister auf Foursquare küren, sondern einen „echten" Bürgermeister. Das inspirierte uns zu folgender Idee.

Fallbeispiel: Der „Grill-Bürgermeister"

Die „Grill-Bürgermeister"-Kampagne bot Grillbegeisterten die Chance, einen Tag lang ganz real Bürgermeister von Hunt Valley, Maryland zu sein, der Heimat unseres Grillgewürzkunden in den USA. Sobald jemand seinen Grill daheim als Foursquare-Ort über die Kampagnen-Website angemeldet hatte (also jedes Mal, wenn er am Grill stand, über sein Handy auf Foursquare eincheckte und dies somit seinen Freunden mitteilte), zählte das für die Vergabe des Hauptgewinns. Derjenige mit den meisten Check-ins an seinem Grill erhielt den Titel „Grill-Bürgermeister". Und mit dem Ende der Grillsaison am 19. September 2011 hatte die Stadt einen neuen Bürgermeister! Ein Mann aus Queens, New York wurde zum ehrenamtlichen Bürgermeister dieser Kleinstadt bei Baltimore ernannt. Es war das erste Mal, dass ein Foursquare-Bürgermeister einen „offiziellen" Bürgermeistertitel erhielt. Er gewann, weil er innerhalb von nur 8 Wochen fast 850 Mal auf Foursquare an seinem Grill eingecheckt hatte. Er und seine Freunde hatten die Website während der Grillpartys, die er von Juni bis August an fast jedem Tag gab, geradezu mit Check-ins überschwemmt. Um das Ganze offiziell zu machen, gab es einen formalen Beschluss des Baltimore County Office.

Zusätzlich zur Bürgermeisterehre schaffte er es, alle 28 Grillabzeichen auf Foursquare freizuschalten –

unter anderem das „Leicht-angebraten-Abzeichen“ (für den Check-in um genau 17:32 Uhr), das „Superhelden-Abzeichen“ (für den Besuch eines Superheldenfilms direkt vor dem Check-in am Grill) und das „Werwolf-Abzeichen“ (für Check-in bei Vollmond).

Das „Grill-Bürgermeister“-Programm auf Foursquare erlaubte es der Grillgewürzmarke, mit ihren Fans zusammen zu feiern und ihnen zu helfen, beim Grillen unvergessliche Geschmacksmomente zu erleben. Mit dem Wettbewerb auf Foursquare bot die Marke ihren Kunden nicht nur einen außergewöhnlichen Preis. Sie gab ihnen auch die Möglichkeit, mit ihrer Leidenschaft für das Grillen zu prahlen und dadurch innerhalb ihrer Gemeinschaft befreundeter Grillbegeisterter auf der sozialen Leiter aufzusteigen. Es war eine großartige Möglichkeit für die Marke, sich mit begeisterten Grillfans und Kunden online und mobil zu vernetzen.

Heute, lange nach dieser Kampagne, verfügen die Vermarkter über weitaus tiefer gehende Möglichkeiten des Engagements mit ihren Kunden und über viel detailliertere Daten, mit denen sie sie besser verstehen und gezielter ansprechen können. Sie können die Verbraucher zukünftig auch über physische und virtuelle Events erreichen, Inhalte und Aktivitäten überwachen und Wettbewerbe mit noch ganz anderen Möglichkeiten veranstalten, als wir es mit Foursquare getan haben. Sie sollten sich also fragen, wie Sie einen der neuen beliebten Social Media und mobilen Kanäle mithilfe der Gamifizierung dazu nutzen können, sich besser und nachhaltiger mit ihren Kunden zu vernetzen.

Regel 5: So einfach wie möglich

Mit der Technologie und all den neuen Möglichkeiten, die das Social und Mobile Web bieten, ist es sehr verlockend, zu viele Funktionen, Texte, Inhalte oder Informationen in Dienste, Einzelhandelserlebnisse oder Kampagnen einzubauen. Das kann der angestrebten Kundenbeziehung in vielerlei Hinsicht schaden, denn es kann vorkommen, dass ein Kunde Ihren digitalen Service oder Ihre App ausprobieren, öffnen oder herunterladen möchte, aber da er zu viel lesen muss oder durch zu viele Funktionen und Alternativen verwirrt ist, lässt er es und wendet sich an einen Konkurrenten, bei dem das Ganze einfacher geht.

Ich selbst war während meiner Karriere viele Male versucht, beinahe alles, was das Netz an Erstaunlichem zu bieten hat, in ein einziges Erlebnis einzubauen. Ich lernte aber ziemlich schnell dazu, und jetzt versuche ich stets, diese Regel der Einfachheit auf alles anzuwenden, was ich angehe. Ein gutes Beispiel dafür ist ein Projekt, das wir während der Arbeit für R/GA für einen großen TV-Sender in den USA starteten. Wir bekamen den Auftrag, die Premiere der neuen Staffel einer Reality-TV-Sendung über eine von der Entenjagd begeisterte Redneck-Familie aus den Südstaaten zur der am meisten diskutierten und getwitterten Fernsehsendung des Tages zu machen. Uns war klar: Wenn es ein Erfolg werden sollte, durften wir uns bei der Social-Media-Kampagne nicht zu sehr auf eine Nischenzielgruppe konzentrieren – die Kampagne musste Spaß machen und für alle Altersklassen und Geschlechter gleichermaßen attraktiv sein; das war zugleich das Schwierigste daran. Da wurde uns klar, dass wir für unsere Twitter-Kampagne ein ganz simples und einfach verständliches Konzept brauchten.

Fallbeispiel: The Virtual Duck Call – der erste Entenlockruf auf Twitter

Es funktionierte genau wie eine echte Entenjagd, nur eben auf Twitter. Diese beispiellose Kampagne zur sozialen Mobilisierung bat Fans der Sendung aus dem ganzen Land, den verschiedenen Twitter-Handles der Show zu folgen. Fans wurden dann angewiesen, nach einem #QUACK-Tweet[14] auf Twitter Ausschau zu halten, also den Lockruf, den Jäger verwenden, wenn sie versuchen, Enten zum Auffliegen zu bewegen, damit sie sie erlegen können. Die erste Person, die auf den jeweiligen #DUCK-Tweet reagierte, gewann einen von mehreren tollen Preisen.

Um das Konzept aus der virtuellen Welt von Twitter in die reale Welt zu transportieren, benutzten wir den „Entenlockruf" im Fernsehen auch während der Sendung auf dem Bildschirm. Zusätzlich hatten wir eine aktive Social-Media-Kommandozentrale mit Social-Media-Experten, Designern und Textern eingerichtet, die am Abend der Staffelpremiere mit den Fans via Twitter, Instagram und Facebook interagierten. Die Kommandozentrale reagierte auf getwitterte Nachrichten und verschickte neue „Enten"-Profilbilder an die Benutzer, meist mit hinzugefügten buschigen Bärten, da diese das Markenzeichen der Redneck-Familie aus der Show waren, oder anderen Features, mit denen die Benutzer wie Enten aussahen.

Es war das erste Mal, dass eine Social-Media-Kommandozentrale für eine TV-Sendung eingerichtet wurde. Aber das Wichtigste war, dass wir unser Versprechen halten konnten und die Sendung am Ende jenes Abends die Nummer eins auf Twitter war. Und nicht nur das: Zum ersten Mal, seit es Twitter gab, war #DUCK auf Twitter ein Topthema (most trending topic). Das wäre nicht geschehen, wenn wir mehr Regeln und Funktionen hinzugefügt hätten. Das Schöne an dieser Aktion war ihre Einfachheit, vor allem, da Twitter noch relativ neu war. Sie sollten sich also fragen, wie Sie Ihren Dienst oder Service noch einfacher machen können, um dadurch noch mehr Kunden zu erreichen beziehungsweise zu halten.

Regel 6: Hören Sie niemals auf, erfinderisch zu sein

Lassen Sie sich nicht von den bereits bestehenden Social-Media-Plattformen blenden, und geben Sie sich nicht mit dem zufrieden, was schon viele andere Unternehmen verwenden. Denn je mehr Social Media und mobile Dienste zum Mainstream gehören, desto höher werden die Erwartungen der Kunden sein; wie in vielen Geschäftszweigen wird der Kampf um den Kunden oftmals nicht nur aufgrund von Service, Qualität oder Preis gewonnen werden – sondern aufgrund von Innovationen.

Damit meine ich, Sie sollten nicht nur beobachten, wie andere Unternehmen Social Media und mobile Dienste nutzen, um ein höheres Maß an Kundenbindung zu erreichen und sie dann kopieren – vielmehr sollten Sie sich etwas mehr anstrengen und Ihre eigenen Innovationen starten! Ein Beispiel soll zeigen, wie man auf den bestehenden Social-Networking-Plattformen aufbauen und seinen eigenen, innovativen Touch einbringen kann, um dem Benutzer ein neues und besseres Kundenerlebnis zu bescheren. Das Beispiel heißt „Pay with a Tweet“, ein Online-Service, den mein Kreativ-Partner Leif Abraham und ich 2010 entwickelt haben: das erste Social-Media-Zahlungssystem der Welt.

Fallbeispiel: „Pay with a Tweet"

„Pay with a Tweet" ist das erste Social-Media-Zahlungssystem, mit dem man etwas zum Preis eines Tweets oder eines Facebook-Posts verkaufen kann. Das bedeutet eine kostengünstige und innovative Möglichkeit für Marken und Unternehmen, ihren Kunden den Zugriff auf spezielle Angebote, Aktionen oder digitale Produkte zu bieten. Denn in der heutigen Zeit kann die Tatsache, dass Menschen über Ihr Produkt sprechen, wertvoller sein als der Geldbetrag, den Ihr Produkt kostet. „Pay with a Tweet" ist das erste Zahlungssystem, bei dem Kunden mit dem Wert ihres sozialen Netzwerks bezahlen. Es ist ganz einfach: Jedes Mal, wenn jemand mit einem Tweet zahlt, teilt dieser all seinen Freunden mit, dass es das Produkt gibt.

Die Kunden können dann entscheiden, ob sie mit einem Tweet über Twitter zahlen oder mit einem Eintrag auf ihrer Facebook-Pinnwand, um all ihren Freunden etwas über Sie, Ihr Produkt und Ihre Marke mitzuteilen. Das Tolle an „Pay with a Tweet" ist, dass es alle Content-Ersteller und -Vermarkter, die Begeisterung für sich, ihre Marke, ihre Produkte oder Dienstleistungen generieren wollen, verwenden können, um ihren Kunden online eine neue und innovative Möglichkeit anzubieten, ihr Produkt zu erwerben.

Es gibt unzählige Anwenderbeispiele: DJs und Musiker verkaufen für einen Tweet ihre aktuellsten Mixe, Singles und Musikvideos, um ihre neuen Alben und Tourneen zu promoten. Journalisten und Verleger verkaufen für einen Tweet ihre Leitartikel, um ihre Titelgeschichten, Magazine, Zeitungen und kostenpflichtigen Onlinedienste zu promoten. Autoren verkaufen für einen Tweet einzelne Kapitel ihrer Bücher, um den Launch eines neuen Buches zu promoten und ihre Verkäufe anzukurbeln. Verbrauchermarken vergeben für einen Tweet Zugriffe auf Gutscheine für neue Produkte. Geschäftsleute und Wissenschaftler verkaufen für einen Tweet ihre wissenschaftlichen Arbeiten, Studien, Whitepapers und Präsentationen, um ihre Popularität zu erhöhen. Dienstleistungsunternehmen verkaufen für einen Tweet eine Version ihres „kostenlosen" Basisservices und bringen dadurch noch mehr Menschen auf ihre Website, wo potenzielle Kunden über die Vorteile ihres „kostenpflichtigen" Premiumservices informiert werden. Regisseure und Entertainmentunternehmen verkaufen für einen Tweet Trailer und Teaser ihrer kommenden Filme, um die virale Dynamik ihrer Launchkampagne zu maximieren.

Das System kam im Juni 2010 im Zuge der Veröffentlichung unseres Buches auf den Markt. Wir suchten einen kostengünstigen, aber schnellen und effektiven Weg es zu promoten. Wir begannen mit einem einzigen Tweet an all unsere Follower. Der Tweet beinhaltete folgende Zeilen: *„This book helps you to move into the digital era of awesomeness. Download it for free." („Mit diesem Buch werdet ihr Teil der digitalen Ära der Großartigkeit. Ladet es gratis herunter.")* Hinzugefügt haben war einen Shortlink zur Website des Buches. Allein über das „Pay with a Tweet"-System hatten wir über 13.000 Downloads und 16.000 Tweets über das Buch, und über 32.000 Besucher auf unserer Website. Und das alles binnen nur 72 Stunden nach dem Start!

Wir erreichten die Top 3 der Topthemen auf Twitter. Zweimal. Und nur drei Tage später stürzte unser Server zweimal ab, dank über 13.000 Downloads und Tweets. Es wurde sogar das dritthäufigste Twitter-Topthema weltweit – und das während der Fußball-WM! Bis heute wurde unser Buch über 300.000 Mal heruntergeladen, und unsere Website zählt 1,5 Millionen Besucher. Und das alles ohne Pressemitteilung, ohne bezahlte Blogger, ohne große Werbekampagne und ohne gekaufter Online Influencer. Alles nur mit dem System und ... einem einzigen Tweet.

Eine Woche später, angespornt durch den Erfolg unseres Buches, machten wir das System der Öffentlichkeit zugänglich und hoben die URL www.paywithatweet.com aus der Taufe. Seitdem kann jeder einen „Pay with a Tweet"-Button in seine Website einbinden, um seine digitalen Waren für einen Tweet zu „verkaufen", und der Service ist zu einem weltweiten Hit geworden. Musiker, Buchautoren, Regisseure und große Marken wie Greenpeace und Microsoft oder der brasilianische Superstar Luan Santana haben bis heute fast 100.000 „Pay with a Tweet"-Buttons eingerichtet, so dass inzwischen fast 2 Millionen Menschen etwas mit einem Tweet bezahlt haben. Und das inspirierte sogar eine der weltweit größten Frühstücks-Ceralien-Marken dazu, im Sommer 2012 in London einen „Pay-with-a-Tweet-Pop-up-Shop" zu eröffnen, wo das Unternehmen seine neuesten Produktlinien zum Preis eines Tweets verkaufte – in einer ganz realen Umgebung. Es ist eine intelligente und unterhaltsame Möglichkeit, Produkte an den Mann und sich selbst ins Gespräch zu bringen.

Sie sollten sich also fragen, wie Sie zusätzlich zu den bestehenden sozialen und mobilen Kanälen und Plattformen innovativ sein können und Ihren Kunden für die vielen Dinge, die im Social Web verbessert, vereinfacht oder sogar erst erfunden werden müssen, eine außergewöhnliche Lösung bieten. Denn in der Welt von Social Media und Mobile geht es immer noch ein wenig zu wie im Wilden Westen, und es gibt genügend Bereiche, Chancen und Domainnamen, die man beanspruchen kann, um seine Kunden effektiver, nachhaltiger und zeitgemäßer an sich zu binden.

Die Neuvermessung von Vertrauen & Integrität

S*tellen Sie sich vor, Sie würden morgens aufwachen und jeder Gegenstand hätte eine eigene IP-Adresse: Ihr Badspiegel, ihre Kaffeetasse, Ihr Küchentisch, Ihre Handtasche ... Was würden Ihre Kunden von Ihnen verlangen, was würde die Konkurrenz tun, und wie würden Sie regieren?* Ich bin immer wieder überrascht, dass viele Zuhörer meiner Vorträge bei dieser Frage zusammenzucken, als hätte ich gerade eine unglaubliche Hiobsbotschaft verkündet. Dabei steuern wir schon seit Jahren auf diese Situation hin: Wenn Chiphersteller davon sprechen, jeden Chip mit einer Antenne auszustatten, wenn Computer kleiner und in Alltagsgegenstände eingebaut werden, dann wird jeder Gegenstand zum Internetempfänger. Die Nachfolger von iPad & Co. sind iWatch, iGlass, iMirror, iTable, iWall, iCar und iICE-Seat. Schritt für Schritt erobert die Internetlogik alle Orte und Geräte des Alltagslebens. Und diese werden damit intelligent: Bildanalyse, Bilderkennung und Interfaces mit „Augen“ sorgen dafür, dass Alltagsgegenstände das Verhalten ihrer Benutzer beobachten, diese Realwelt-Daten mit virtuellen Daten kombinieren und über verschiedenste 3D-Displays die jeweils situationsgerechte Information in unseren Alltag einspielen.

Für an Technologie interessierte Leser wird dies keine Neuigkeit sein. Und doch liegt hier einer der Hauptgründe verborgen, warum selbst ein so starker und wichtiger Wert wie das Vertrauen derzeit neu vermessen wird. Lassen Sie uns dafür einen Blick zurück werfen.

In den vergangenen Jahrzehnten war die Welt des Vertrauens recht einfach gestrickt. Wir lebten in einer Massenwirtschaft. Der einzelne Mensch erlebte sich immer als winziger Teil einer großen Masse gegenüber großen Autoritäten: Als Schüler waren wir Teil der Klasse gegenüber den Lehrern, als Arbeiter waren wir Teil des Teams gegenüber Chefs und Gewerkschaftsfunktionären, als Bürger waren wir Teil der Wählerschaft gegenüber den Parteien, und als Konsumenten waren wir Teil der Kunden gegenüber großen Markenunternehmen. Massenmedien und Massenwerbung verstärkten das Ungleichgewicht.

In dieser Massenwelt wurde Vertrauen aufgrund von Größe gegeben. Die Logik des Massenvertrauens war bestechend einfach: Wir vertrauten der Masse. Wer eine große Marke ist, bei dem kaufen offensichtlich viele Menschen, und so viele Menschen können nicht irren. Dies war damals richtig, jedenfalls solange die großen Autoritäten die direkte Kommunikation mit den kleinen Einzelpersonen vermeiden konnten. Die Unternehmen zogen daraus die Konsequenz, alles zu tun, um eine große, schillernde Marke zu werden. Ihre Methode: Aufmerksamkeit erzeugen. Auch das war konsequent gedacht! Denn in einer Massenwirtschaft geht es darum, aus der Masse hervorzutreten, aufzufallen, ins Auge zu stechen. Die „Ökonomie der Aufmerksamkeit" folgte einer einfachen Logik: Wer die meiste Aufmerksamkeit auf sich zieht, der bekommt das meiste Vertrauen.

Wir vertrauten großen Marken. Doch lassen Sie uns ehrlich sein: Dieses Vertrauen entstand auch früher nicht dadurch, dass wir unbedingt zur Masse gehören wollten. Es entstand vielmehr dadurch, dass die Masse der Menschen keine andere Chance hatte! Nur wenige Autoritäten hatten die Möglichkeit, sich aus der Masse zu erheben, weil sie mehr oder schnellere Informationen hatten als alle anderen. Wir Wissenschaftler nennen das die „Asymmetrie der Informationen".

Doch damit ist es in Zeiten des Internets vorbei. Die neue Grundregel lautet: Jede Information für jeden Menschen zu jeder Zeit an jedem Ort. Dies wäre also die größtmögliche Synchronität. Was geschieht dann? Die Antwort ist so einfach wie bedeutend: Die wichtigste Auswirkung der Digitalisierung mit all ihren „intelligenten" Geräten ist: Der Tod der „Masse"! Denn jeder, der die Möglichkeiten seines Smartphones nur halbwegs ausnutzt, der tritt aus der Masse hervor. Er stellt permanent direkte 1:1-Verbindungen her.

Die Folge ist: Das Phänomen der „Masse" verschwindet allmählich aus unserer Gesellschaft. Es gibt keine „lenkbare" Masse an Käufern mehr, wenn ihre Einkaufszettel durch individuelle, elektronische Assistenten zusammengestellt werden. Es gibt keine „lenkbare" Masse an Zuschauern für Werbebotschaften mehr, wenn Fernsehprogramme und Zeitungen individuell zusammengestellt werden. Und wenn nicht mehr die Einkäufer der Supermärkte unser Warenangebot zusammenstellen, sondern der elektronische Assistent in unserem Handy, dann drohen selbst emotional starke Marken an Wert zu verlieren.

Die Frage, wem die Menschen stattdessen vertrauen, durchzieht die Diskussionen der Experten in allen Studien, auf Tagungen und Kongressen. Dabei ist die Antwort so einfach. Fast schon banal! Die Konsumenten suchen auch in der neuen digitalen Welt nach Filtern. Dies ist nichts Ungewöhnliches, denn Filtersysteme kennen wir in unserem Leben bereits. Auch früher haben wir unseren Informationsfiltern vertraut. Es waren die Lehrer, Redaktionen, Makler, Trainer, Einkäufer, Reiseführer, Marken und Berater.

Doch das Phänomen des Internetzeitalters ist, dass technologische Filter „klüger" sind als menschliche. Sie bringen uns bessere Ergebnisse. Künftig werden die intelligenten Assistenten in unseren Handys verstärkt die Aufgabe des Informationsfilterns übernehmen. Das Amazon-Empfehlungssystem, das Onlinemarketing nach dem Google-Prinzip und die Barcode-Scanner des iPhones sind die Vorläufer dieser intelligenten, individuellen Filtersysteme. Die Ratschläge dieser elektronischen Assistenten empfinden wir als besser, weil sie für uns die Informationen nach persönlichen Vorlieben und situativen Bedürfnissen vorsortieren. Jeder Amateursportler kann mit seinem intelligenten Sportassistenten mit Profimethoden trainieren, jeder Kunde hat das Wissen eines Fachberaters, und jeder Fernsehzuschauer bekommt sein individuelles Programm.

Die Menschen lieben das. Sie vertrauen mehr und mehr den „Maschinen", wenn sie erkennen, dass diese bessere Antworten liefern als bisherige Autoritäten. Denn Vertrauen ist keine Frage der Emotionen. Dies glaubt nur, wer sich nicht von der Markenlogik der schrumpfenden Werbebranche lösen kann. Vertrauen ist vielmehr das Ergebnis erfüllter Erwartungen. Wenn eine Technologie uns dauerhaft die besseren Antworten liefert, dann vertrauen wir ihr mehr als anderen Menschen. Wenn Sie das nächste Mal im Auto sitzen, machen Sie doch einfach den Selbsttest: Wann vertrauen Sie ihrem Beifahrer mehr, und wann dem Navigationssystem?

Falls Vertrauen und Integrität zu Ihren zentralen Unternehmenswerten gehören, werden Sie Schritt für Schritt Ihren Markenglauben ersetzen müssen. Vertrauen ist kein starres Konstrukt mehr. Es wird nicht ein für alle Mal von dem „kleinen Kunden" an seine „große Marke" abgegeben. Vertrauen ist von den großen Marken und deren Massenkommunikation in den 1:1-Kontakt gewandert, weil die Masse schon immer nur ein Hilfskonstrukt für Zeiten war, in denen wir es nicht besser wussten.

Das neuvermessene Vertrauen ist dynamisch. Es entsteht, wenn zwei Partner miteinander an etwas „Gutem" arbeiten. Und es muss bei jedem Kontakt aufs Neue bewiesen werden. Wer das Vertrauen seiner Kunden will, muss ihnen permanent Anerkennung geben.

Alte Werte, neu gelebt? Den strukturellen Wertewandel verstehen und aktiv gestalten

Karl Matthäus Schmidt

Karl Matthäus Schmidt (Vorstandsvorsitzender, quirin bank AG) gilt als Regelbrecher in der Bankenbranche. 1994 wurde er mit nur 25 Jahren Deutschlands jüngster Vorstandsvorsitzender. Im gleichen Jahr stieg die von ihm gegründete erste deutsche Onlinebank Consors zum Marktführer im Bereich Online-Brokerage auf. Der Ärger über schlechten Service und hohe Provisionen der anderen Banken hatten den damaligen Studenten veranlasst, eine eigene Discount-Online Bank zu gründen. Im Jahr 2006 formierte sich unter seiner Führung die quirin bank, die erste Honorarberaterbank Deutschlands. Sie versteht sich als Anwältin der Kunden und verspricht eine unabhängige, faire und transparente Beratung. Für dieses Geschäftsmodell erhielt Karl Matthäus Schmidt den National Leadership Award.

„Wem würden Sie Ihr Geld auf gar keinen Fall anvertrauen?“ Wenn diese Frage beliebigen Passanten in einer Einkaufsstraße gestellt würde, so hätte die Antwort „Einem Banker!“ gute Chancen, auf Platz eins zu landen. Es ist leider so: Wir Banker stecken in einer selbst verschuldeten Vertrauenskrise. In der Prestigeskala der Berufe landen Banker auf dem vorletzten Platz, noch nach den Politikern. Das Vertrauen der Menschen in Banken und ihre Repräsentanten wurde aber nicht erst erschüttert, als die Milliardenverluste vieler Geldhäuser während der Bankenkrise bekannt wurden. Sondern schon viel früher: Immer, wenn Bankkunden beim Blick auf ihren

Depotauszug sahen: „Die Bank ist schon wieder reicher geworden und ich ein bisschen ärmer."

Banker gelten heutzutage als gierig, unredlich und wenig anständig. Dabei waren sie einmal der Inbegriff der Integrität und Vertrauenswürdigkeit. Seit jeher waren Redlichkeit und Seriosität die Kardinaltugenden der Banker, der Verstoß dagegen kam einer Todsünde gleich. Heute ist die Reputation des gesamten Berufsstands zerrüttet. Wie hat es so weit kommen können?

Vertrauen wurde nicht im Casino verspielt

Die „durchschnittlichen" Privatkunden sind vielen Banken ein Klotz am Bein, der ihre Höhenflüge in der Welt der Hochfinanz abbremst (auch wenn Hochglanzprospekte eine andere Sprache sprechen). Börsennotierte Banken starren auf ihre *Shareholder* wie das Kaninchen auf die Schlange und verraten die Interessen ihrer wichtigsten *Stakeholder*, der Kunden. Nur das Provisionsgeschäft verspricht im Retailbanking noch Gewinn. Der systemische Fehler liegt im Widerspruch zwischen den Vertriebserfordernissen der Banken und den Bedürfnissen der Kunden. Die Vertriebskosten schmälern den Gewinn der Kunden. *Die Bank verdient nur, wenn sie die Vermögensschädigung ihrer wichtigsten stakeholder einkalkuliert.* Da Beratung und Verkauf nicht voneinander getrennt sind, befindet sich der Bankmitarbeiter in einem unauflösbaren Interessenskonflikt. Im Interesse der Bank und in seinem eigenen Interesse muss er den Kunden die Finanzprodukte anpreisen, die er gerade im Angebotsportfolio hat.

Die Kunden sind im Dreiecksverhältnis mit Bank und Anbieter des Finanzprodukts die schwächsten Partner. Für die Bank ist das Verhältnis zum Produktanbieter wichtiger, denn dort wird das Geld verdient. Dieses dubiose Geschäftsmodell funktioniert nur deshalb, weil Banken einen Informationsvorsprung vor ihren Kunden haben. Nicht die Kunden, ihre Risikobereitschaft und ihre Gewinnerwartungen bilden die Richtschnur bei der „Beratung", sondern die Verdienstmöglichkeiten der Bank. Produktkomplexität erscheint somit als Teil einer Strategie, die die Kunden im Unklaren über ihre tatsächlichen Renditeaussichten lässt.

Vertrauen ist die Mutter aller Geschäfte

Ohne Vertrauen kauft niemand Waren oder Dienstleistungen oder geht Verträge ein. Wenn Menschen miteinander Geschäfte machen, kann personales Vertrauen entstehen. Wenn sich gute Erfahrungen bestätigen, sammelt sich personales Vertrauen als Sozialkapital an. Der gute Ruf einer Bank, nein, eigentlich aller Unternehmen, gründet auf den guten Erfahrungen der Kunden. Aus personalem Vertrauen kann institutionelles Vertrauen hervorgehen und den Markenwert der Bank erhöhen. Gerade bei Finanzgeschäften ist Vertrauen in Personen oder Institutionen fundamental wichtig, denn die Kunden tauschen ihr Geld nicht gegen eine physische Ware oder eine Dienstleistung. Sie erhalten lediglich ein Versprechen von dauerhafter Sicherheit und künftiger Rendite.

Mit der Fokuserweiterung von kleinen lokalen Märkten auf die globale Wirtschaft wurden Geschäftsverhältnisse immer komplizierter und gründeten immer seltener auf personalem Vertrauen. An die Stelle des Bankers meines Vertrauens sind unbekannte Personen und Institutionen getreten. Instrumente wie schriftliche Verträge, Kreditkarten oder TAN-Verfahren dienen dazu, in einer anonymen Bankenwelt das Systemvertrauen zu stärken. Sämtliche Sicherheitsroutinen organisatorischer, technischer oder juristischer Natur sollen Risiken verringern und die Eintrittswahrscheinlichkeit negativer Erfahrungen minimieren. In der globalisierten Finanzwirtschaft hat das Systemvertrauen das personalisierte Vertrauen, das einst zwischen Banker und Bankkunden bestand, ersetzt. Und genau dieses Systemvertrauen ist jetzt aus den genannten Gründen zerbrochen und scheint unwiederbringlich verloren. Wie soll es nun weitergehen?

Neue Art von Vertrauen: Vertrauen wird dynamisch

Wenn ich über Banken und Vertrauen nachdenke, habe ich zwei Bilder im Kopf, ziemlich widersprüchliche Bilder: Das eine Bild ist eine Brücke aus Stein, massiv, schwer, vertrauenerweckend. Sie bringt uns ziemlich zuverlässig von der einen Seite des Flusses auf die andere, von A nach B. Aber immer nur von A nach B oder zurück. Ihr Wesen ist die Unverrückbarkeit. Man will von A nach C? Dann muss man sich etwas einfallen lassen. Die Brücke aus Stein ist nicht dafür gemacht, uns von A nach C zu bringen. Man überfordert die Brücke mit diesem Wunsch. Wenn ein heftiger Sturm kommt oder ein extremes Hochwasser, dann gerät diese steinerne Brücke unter Druck. Als starres

Konstrukt wirkt sie unter hoher Belastung gar nicht mehr so vertrauenswürdig wie bei schönem Wetter.

Nun zum zweiten Bild, das ich mit Vertrauen verbinde: Es ist eine moderne, bewegliche Pontonbrücke, sie fährt an Land auf Rädern und schwimmt im Wasser. Sie passt sich den Gegebenheiten und Bedürfnissen ihrer Nutzer dynamisch an: Sie bringt uns von A nach B oder nach C, ganz wie gewünscht. Sie ist nicht massiv gebaut, flößt aber dennoch Vertrauen ein. Sie kann an jedem beliebigen Punkt des Flussufers festmachen und sich dann über den Fluss ausstrecken. Und weil sie so flexibel ist, kann sie auch mit rauen Wassern problemlos umgehen. Ihr Wesen ist die Dynamik. Wie müsste eine Bank aussehen, die diese dynamische Art von Vertrauenswürdigkeit ausstrahlt?

Rückbesinnung: Wozu sind Banken eigentlich da?

Während der gesamten Finanzkrise habe ich mich oft gefragt: Warum haben Banker ihren eigentlichen Zweck aus den Augen verloren? Unsere Aufgabe ist doch klar: Den Wohlstand unserer Kunden zu mehren und über die Qualität der Beratung und Vermögensverwaltung Gewinne zu erwirtschaften. Banken sollten wirtschaftliche Möglichmacher für die Lebensplanung von Menschen und für die wertschöpfende Tätigkeit von Unternehmen sein. Gerade auch für den Wohlstandsträger Mittelstand. Wenn sie das zuverlässig tun, bilden sie einen Stützpfeiler unseres marktwirtschaftlichen Systems. Unsere Daseinsberechtigung lässt sich auf eine einfache Formel bringen: Zweckdienlichkeit + Zuverlässigkeit = Vertrauen.

Wo steht der Kunde, wo will er hin?

Am Anfang steht der Kunde. Er ist es, der uns sein Geld zunächst ohne Gegenleistung gibt und dafür nur ein Versprechen erhält. Er muss glauben können, dass wir verantwortungsvoll mit dem Kredit umgehen, den er uns gewährt (credere = glauben). Es ist die Bank, die kreditwürdig sein muss, die Bank, die dem Vertrauensvorschuss der Kunden gerecht werden muss.

Bankkunden wollen sicher sein, dass ihr Geld bei ihrer Bank in guten Händen ist. Der Kundenwunsch nach Sicherheit ist der Grund für das historisch besonders seriöse Auftreten der ursprünglich persönlich haftenden Banker. Dieser berechtigte Wunsch begründet unsere strikten Verhaltenskodizes und strengen Formerfordernisse, unsere Kleidungsvorschriften und nicht zuletzt die Solidität ausstrahlende Architektur der meisten Bankhäuser. All das dient dazu, die Vertrauenswürdigkeit der Institution Bank und die Integrität der dort tätigen Personen zu unterstreichen. Kunden suchen nach einem Bankpartner, dem sie vertrauen können, denn „Vertrauen absorbiert Unsicherheit."[15]

Wie jedoch kann Vertrauen wieder neu entstehen, angesichts der Tatsache, dass sich das personale Vertrauen in einer digitalisierten und globalisierten Bankenwelt aufgelöst hat? Wie können Banken noch funktionieren, angesichts der Tatsache, dass das Systemvertrauen nahezu gänzlich vernichtet ist?

Nur eine persönliche Ansprache kann eine individuelle Geschäftsbeziehung aufbauen, die das dynamische Vertrauen der Kunden verstetigt und ihren Wünschen entgegenkommt. Dazu muss sich der Anbieter authentisch und wahrhaftig äußern und die Kunden und ihre

Bedürfnisse ernst nehmen. Die Machtverhältnisse zwischen Kunden und Bank haben sich verschoben: Die traditionelle Anbietersouveränität der Banken wird zunehmend von der Kundensouveränität abgelöst („Ich will aber von A nach C!“). Banken, die das nicht erkennen, haben den strukturellen Wertewandel von Vertrauen und Integrität nicht verstanden.

Zeitlose Werte verändern ihr Gesicht

Um die gleichen Werte zu verwirklichen, müssen Banker heute anders handeln als früher. Die Namen der Werte – Vertrauen und Integrität – bleiben, doch was wir heute darunter verstehen, ändert sich rapide. Wertewandel bedeutet nicht, dass Vertrauen und Integrität abgelöst werden, sondern dass die Art und Weise, wie wir Vertrauen herstellen und Integrität wahrnehmen, einem Wandel unterworfen ist. Das ist entscheidend für das Verhältnis zu den Kunden. Vertrauen und Integrität sind immer noch die Voraussetzungen dafür, eine Kundenbeziehung aufzubauen. Daran wird sich auch nichts ändern. Das ist eine gültige Feststellung nicht nur für Banken, sondern für jedes *people business*.

Aber wie diese Werte hergestellt und zeitgemäß repräsentiert werden, hat sich bereits geändert und wird sich weiter ändern. Personales Vertrauen entsteht nicht mehr durch den Handschlag des Bankberaters, den obligatorischen Weihnachtskalender oder die vorgedruckte Geburtstagskarte. Ich bin überzeugt: Es entsteht künftig in der „Heimatzone“ des Web, die bei jedem User anders aussieht. Personales Vertrauen aus dem Web beruht auf Empfehlungen einer Community, die das Vertrauen des Kunden genießt: Freunde, Familie, Kollegen, Partner, Mentoren. Wie können sich Finanzdienstleister diese neue Art von personalem Vertrauen nutzbar machen?

Ähnlich sieht es mit dem institutionellen Vertrauen aus: Vertrauen in bekannte Internetinstitutionen (wie Google, Apple, Amazon, Facebook) ist ein Garant für dauerhafte Kundenbeziehungen. Die großen Bankenmarken kommen da nicht mehr mit. Sie haben ihr institutionelles Vertrauen verspielt. Wie können Finanzdienstleister an einem neuen, institutionellen Vertrauen partizipieren?

Schließlich das Systemvertrauen: Es kann nicht „gemacht" werden, keine Imagekampagne, kein Hochglanzprospekt und keine Werbeaktion können hier etwas ausrichten. Systemvertrauen wird neu wachsen, wenn Finanzdienstleister die neuen Spielregeln akzeptieren und sich des neuen personalen und institutionellen Vertrauens würdig erweisen.

Gerade in der digitalen Welt muss Vertrauen den Wertekern einer Marke konstituieren. Geht das Vertrauen verloren, sind die Banken verloren. Vertrauen wächst langsam, ist aber schnell verspielt.

Was ist zu tun?

Wie kann ein respektabler und ehrlicher Wertschöpfungsbeitrag der Bankenbranche zur Volkswirtschaft künftig aussehen? Banken müssen sich im Geist des Unternehmertums neu erfinden. Sie sollten wirkliche, wertschöpfende Innovationen entwickeln, die gleichermaßen den Kunden nutzen und unternehmerischen Profit abwerfen. Das honorarbasierte Banking ist so ein innovativer Schritt, der nicht nur den Kunden, sondern auch den Banken nutzen kann.

Integrität verkörpern

Neue Anreizsysteme müssen geschaffen werden, die das individuelle Interesse der Kunden in den Mittelpunkt stellen und zugleich der Bank gewinnträchtiges Wirtschaftshandeln ermöglichen. Die Kunden müssen wissen, nach welchen Anreizen ihre Banker arbeiten, Transparenz ist zentral. Integrität allein genügt aber nicht. Die Kunden erwarten auch Rendite, denn schließlich ist es ihr Geld.

Wahrhaftigkeit leben

Die Werteaussagen der Bank müssen sich bewahrheiten. Die agierenden Personen müssen erkennbar die Wahrheit sagen. Kunden müssen wissen, wofür ihre Banker arbeiten und womit sie rechnen können. Es ist höchste Zeit für ein faires und nachhaltiges Geschäftsmodell, weshalb die Tage provisionsgetriebenen Bankings gezählt sind. Banken müssen im eigenen Überlebensinteresse wieder „red-lich" werden, das heißt: mit den Kunden reden. Das wird künftig noch stärker über zeitgemäße Kommunikationskanäle im Internet geschehen. Nur aufrichtig muss es sein.

Vertrauen verdienen

Dabei muss Banken klar sein: Vertrauen und Integrität sind dynamisch geworden. Beziehungen sind nicht mehr in Stein gemeißelt, sondern werden permanent vom Kunden hinterfragt und im Internet „gebenchmarked“. Deshalb müssen die Interessen von Banken und Bankkunden wieder in dieselbe Richtung zielen. Die Bank darf nur versprechen, was sie auch halten kann.

Vertrauen verkauft ... aber nur wenn es zu Integrität wird

Sigrid Bauschert

Sigrid Bauschert ist Vorstandsvorsitzende und Hauptaktionärin der Management Circle AG. Sie hat die deutsche Weiterbildungsbranche entscheidend geprägt. Ihr Unternehmen zählt mit 200 Mitarbeitern zu den Marktführern für Führungskräfteweiterbildung in der Wirtschaft. Sie gründete es 1989 gemeinsam mit fünf Mitarbeitern und führt es seitdem unter dem Anspruch „Bildung für die Besten". Neben der Management Circle AG hat Sigrid Bauschert weitere erfolgreiche Unternehmen mitgegründet beziehungsweise ist an ihnen beteiligt.

Gibt es tatsächlich einen Wertewandel in Bezug auf Vertrauen und Integrität bei Marken, Produkten und Dienstleistungen? Um dies zu ergründen, schaut man sich am besten die bisherigen klassischen, vertrauensbildenden Vertriebswege an. Vertrauen wurde vor allem durch Größe und Bedeutung des Herstellers vermittelt, hohe Verkaufszahlen implizierten für viele Menschen automatisch auch Qualität. Es musste zwangsläufig gut sein, wofür sich viele Menschen entschieden, was traditionell in der Familie gekauft wurde, was in der Werbung dem Publikum entgegenleuchtete. Der Verkaufsprozess selbst war relativ eindimensional. Der Hersteller belieferte den Handel, der Kunde kaufte beim Händler. Die Aufgabe des klassischen Marketing war es, Vertrauen in das Produkt zu stärken, Markensympathie zu verbreiten und auf diese Weise eine Kaufentscheidung positiv zu beeinflussen, häufig mit der Empfehlung aus dem engen Umfeld als Verstärker.

Ein weiterer Vertrauensanker war natürlich die ansprechende Präsentation im Handel, bei hochwertigen Produkten oft einhergehend mit nobel ausgestatteten Verkaufsräumen. Deutlichstes und glänzendstes Beispiel dafür waren die Autohersteller. Mit makelloser Präsentation der Automodelle in gläsernen Showrooms wurden Wertigkeit, Leistungsfähigkeit und somit Vertrauen in die Qualität des Produkts vermittelt.

Die Stiftung Warentest wirkte ebenfalls als vertrauensbildende Institution und nahm damit Einfluss auf Kaufentscheidungen. Expertengremien, die in Testreihen die Qualität eines Produkts untersuchten und bewerteten, genossen das uneingeschränkte Vertrauen des potenziellen Käufers, das auf das Produkt übertragen wurde.

Was den Faktor „Integrität" anbelangte, machte sich der Interessent für eine Ware keine übermäßigen Gedanken darüber, ob der Hersteller umweltkonform, sozial verträglich und ethisch einwandfrei produzierte. Und es interessierte sich niemand für das Gewinnziel einer Bank, nämlich das Erreichen von 25 Prozent des Umsatzes als Vorsteuergewinn – bis zur Bekanntgabe durch Herrn Ackermann.

So war der Begriff Integrität ein sehr kleiner Ausschnitt der vertrauensbildenden Wertigkeit eines Produkts und für eine Kaufentscheidung von keinem großen Belang. Das war die reale Produkt-Vertrauenswelt, die bis in die jüngere Vergangenheit galt.

Nach wie vor ist Vertrauen in ein Produkt und den Hersteller für den Verbraucher ein wichtiges

Entscheidungskriterium beim Einkauf, aber nicht mehr das allein entscheidende.

Der Käufer braucht unverändert das Vertrauen, dass das Produkt qualitativ hochwertig ist, seinen Preis rechtfertigt und dass im Falle der Reklamation ein gutes Beschwerdemanagement zur Verfügung steht, welches den Kunden als Individuum wahrnimmt und sein Anliegen ernst nimmt. So weit sind die Erwartungen des Kunden bei der Investition in ein Produkt die gleichen geblieben.

Zu der bisherigen Konsumwelt kamen mit zunehmender Nutzung des Internets nun noch weitere Aspekte hinzu, die dazu führten, dass Vertrauen in ein Produkt anders transportiert wird. Mobile Technologien veränderten die Spielregeln im Handel und beim Verbraucher grundlegend.

Die Anzahl der Möglichkeiten sich über ein Produkt zu informieren ist um ein Vielfaches gestiegen; und mit diesen Möglichkeiten wachsen natürlich die Anforderungen an die Werbung. Die klassische Kommunikation wird weitgehend durch andere Kanäle ergänzt, sodass die Beeinflussung des Käufers vielschichtiger wird. E-Mail- und Bannerwerbung, Twitter etc. sorgen für breitere und schnellere Information und im Idealfall zur direkteren Ansprache des Kunden. Einkaufen selbst ist „convenient" geworden, unabhängig von Zeit und Raum führt der Mausklick nicht nur zur Produktinformation und zum Produkt selbst. Autohersteller ermöglichen es uns zum Beispiel, fernab jeder persönlichen Beratung durch einen Händler, unseren Neuwagen online zu konfigurieren.

In der „www-Welt" haben auch kleinere, unbekannte Marken und Nischenprodukte die Chance bekommen, wahrgenommen zu werden und sich in kurzer Zeit Marktanteile zu erobern. Markenimage und Herstellergröße strahlen nicht mehr wie früher vorbehaltloses Produktvertrauen aus. Die vielfältigen Informationsmöglichkeiten werden durch meinungsbildende Kommunikationsplattformen ergänzt: Communities, Foren und soziale Netzwerke bilden die modernen Vertrauensanker.

Die Wortführer in diesen Kanälen vermitteln das Vertrauen – der „Like"-Button hat die Sichtweise verändert und gibt auch Vertrauen an unbekanntere Produkte ab. Nicht mehr zwangsläufig wird ein Markenprodukt an erster Stelle positioniert.

Stiftung Warentest gibt es zwar immer noch, doch daneben existieren nun auch zahlreiche weitere Bewertungsplattformen, die Anspruch auf Seriosität erheben und damit einen großen Einfluss auf die Vertrauensbildung ausüben. Die Intention dieser Portale wird zwar kaum hinterfragt, sie bieten dennoch willkommene, scheinbar hilfreiche Orientierung für Kaufentscheidungen. Vertrauen erhält, was von anderen positiv beurteilt wird. Dies ist auf den ersten Blick für die Hersteller positiv; Vertrauen kann auf einer viel breiteren Basis hergestellt werden.

Diese vielfältigen Informationsmöglichkeiten der Kunden führen aber auch dazu, dass die Umstände und Hintergründe der Herstellung von Produkten ausgeleuchtet werden: Woher kommen die Rohstoffe, wo wird unter welchen sozialen Bedingungen produziert, werden Umweltstandards eingehalten, werden die Mitarbeiter „fair" entlohnt? Kann ein Hersteller diese Fragen umfassend und zufriedenstellend beantworten, gewinnt er an Integrität. Diese ist zunehmend ein wichtiger Faktor für die Vertrauensbildung geworden.

Die Nutzung des Internets als breiten Informationskanal hat für die Hersteller die Möglichkeiten für die Übermittlung vertrauensbildender Informationen wesentlich vergrößert und vereinfacht, andererseits aber auch die Grundlagen des Vertrauens anders definiert. Es ergab größere Chancen, aber die Kunden artikulieren jetzt lauter und schneller, warum sie einem Produkt vertrauen. Umweltschutz, soziale und ethische Fragen, wie die Unternehmen Gewinne erzielen, interessieren heute die Verbraucher ungleich mehr als vor der Jahrtausendwende. Hier ist unbedingt ein Wertewandel festzustellen. Vertrauen wird durch Integrität, die früher nicht in dem Maße hinterfragt wurde, wesentlich verstärkt.

Die Diskussionsforen im Internet über Hersteller und ihre Produktionsweisen zeigen die Verschiebung der Kriterien für Kaufentscheidungen. Mangelnde Integrität und Vertrauensverlust können auch bei unbestrittenen Qualitätsprodukten dazu führen, dass eine Marke oder ein Produkt plötzlich „out" ist.

Es lässt sich feststellen, dass durch die moderne Technologie zwar der Weg zum Kunden erheblich einfacher und schneller geworden ist und die Produktvielfalt in bedeutendem Maße zugenommen hat. Der zentrale Faktor bei der Produktwahl ist aber immer noch das Vertrauen. Ob Markenimage, „Like"-Buttons oder Bewertungsplattformen, der Mensch ist nicht unabhängig und orientiert sich am Urteil anderer. Auch deshalb ist die Frage nach der Integrität eines Produktes „ansteckend" und kann schnell zu einer Epidemie werden. Es bleibt spannend zu beobachten, ob durch die Zusammenarbeit eines Weltmarktführers im IT-Bereich mit Geheimdiensten das Vertrauen in ihn schwinden wird. Die Hersteller sind daher heute weitaus mehr gefordert, ständig die Vertrauenswerte ihrer Produkte positiv zu verstärken und mit Alleinstellungsmerkmalen hervorzuheben.

Wohin geht die Reise des Produkt-Vertrauens? Der noch schnellere, direktere Weg zum Kunden wird entscheidend sein, ebenso die noch stärkere Ausrichtung an den individuellen Kundenbedürfnissen und deren Wertvorstellungen. Festzuhalten bleibt: Mehr verkaufen mit Vertrauen und Integrität! Nicht nur die Kanäle der Vertrauensbildung und -gewinnung haben sich gewandelt, sondern auch die Grundlagen verbreitert, nämlich um die Integrität. Und diese Entwicklung wird zunehmen, sodass auch immer mehr neue Produkte jenseits der großen Marken eine Chance haben, sich zu etablieren. So lange der Verbraucher die Integrität nicht infrage stellt.

Die Neuvermessung von Verantwortung & Nachhaltigkeit

Es gibt einen Satz, der will mir nicht mehr aus dem Kopf: „Das größte Geschäftsmodell der Zukunft ist die Rettung der Welt!“ Ich habe ihn auf einem unserer Zukunftskongresse in der Schweiz gehört. Damals stand ein rüstiger Rentner im Schlosspark und las den versammelten Unternehmensvorständen die Leviten. Gerhard Knies heißt er und sollte eigentlich über das größte Industrieprojekt Europas sprechen, dessen geistiger Vater er ist. In seinem Desertec-Projekt sollen bis zum Jahr 2050 riesige Solarkraftwerke in den nordafrikanischen Wüsten aufgebaut werden und 15 Prozent des europäischen Strombedarfs decken. Ob dies am Ende tatsächlich durch dieses Konsortium geschieht, das derzeit mit einigen internen Problemen zu kämpfen hat, oder unter einem anderen Markennamen ... das lässt sich schwer prognostizieren. Aber den Anstoß zu einer ernsthaften Energiewende kommt durch diesen Satz.

Denn er zielt – mehr als Tausend wohlfeile Reden über Klimaschutz und Nachhaltigkeit – genau ins Schwarze unserer Zukunft. Er sagt nichts anderes als:

Nachhaltigkeit ist ein Geschäft! Diese banale Wahrheit ist in unseren Diskussionen für viele gutmeinende, ehrenamtlich Engagierte in zahllosen Umweltverbänden und Sozialvereinen manchmal schwer zu ertragen. Und dennoch ist sie der Kern der Lösung. Denn sie ist der Grund dafür, dass aus Sicht von Trendforschern wie mir das Energieproblem der Welt so gut wie gelöst ist. Lassen Sie sich das bitte auf der Zunge zergehen: Vor fünf Jahren überschlugen sich die Apokalyptiker mit immer neuen Horrorszenarien. Und heute: Haken dran?! Was ist passiert?

Natürlich kennen wir noch nicht alle Details, wie die Energieversorgung der Welt im Jahr 2050 aussehen wird. Doch wir wissen, dass die großen internationalen Energiekonzerne in den letzten Jahren einen Erkenntnisprozess durchgemacht haben: Sie haben erkannt, dass sie in Zukunft mit regenerativen Energien und der nötigen Infrastruktur viel Geld verdienen können. Sie können Geschäfte machen! Dies ist der Grund, warum die Energieversorgung der Welt sich inzwischen rasant verändert. Aus dem ehemals unlösbar scheinenden Problem ist schlicht eine Managementaufgabe der Großindustrie geworden.

„Herr Trendforscher“, höre ich einige jetzt rufen, „die steigende Nachhaltigkeit in der Wirtschaft ist doch nicht nur den Profiterwartungen der Großindustrie zu verdanken!“ Richtig! Es gibt noch eine zweite Gruppe von Menschen, die wesentlichen Anteil daran haben, dass im Jahr 2020 mehr als zehn Milliarden Menschen in einer nachhaltigeren Welt als heute leben werden. Auch sie sind Unternehmer. Aber es sind Unternehmer einer neuen Generation. Der Friedensnobelpreisträger Muhammad

Yunus hat es mit seiner Grameen Bank vorgemacht: Soziale Probleme lassen sich am effektivsten durch eine neue Generation von Unternehmen lösen. Diese „Social Business-Unternehmen“ arbeiten uneingeschränkt wirtschaftlich. Ihre Manager verdienen viel Geld. Doch in einem entscheidenden Punkt unterscheiden sie sich von den meisten sonstigen Unternehmen. Denn statt ihre Gewinne am Jahresende an Aktionäre oder Gesellschafter aufzuteilen, dürfen diese Unternehmen ihre Gewinne ausschließlich wieder in gute, nachhaltige Zwecke investieren. Die Liste der vielen Tausend Social Businesses liest sich inzwischen wie das „Who is who“ der internationalen Wirtschaft.

Fehlt in dieser Aufzählung nicht jemand? Wo sind jene Aktivisten, die seit Jahren unermüdlich und ehrenamtlich für eine nachhaltigere Welt kämpfen? Es mag nicht fair erscheinen oder sogar ungerecht. Aber mit dieser Realität müssen wir Zukunftsforscher immer wieder leben: Viele der First Mover haben die Basis gelegt, sie haben Lösungen aufgezeigt und Bewusstsein geschaffen. Doch wenn sie es nicht verstanden haben ein Geschäftsmodell aufzubauen, für das viele Menschen ihr Geld ausgeben wollen, dann sind sie nur den halben Weg zum Ziel gegangen. Denn sie leben nach einem alten, überholten Werteverständnis von „Nachhaltigkeit“.

Die Werte Verantwortung und Nachhaltigkeit sind in den vergangenen Jahren zu den rasanten Newcomern unter den Grundwerten avanciert. Dafür gibt es zwei Hauptgründe: Der Bedeutungsgewinn liegt einerseits in der Entwicklung der Weltlage in den vergangenen 25 Jahren begründet. Bis zum Zusammenbruch der sozialistischen Gesellschaftssysteme um das Jahr 1990 war die Welt einfach dimensioniert. Es gab „Gut“ und „Böse“, Kapitalismus und Sozialismus, USA und Sowjetunion. Dies war einerseits gefährlich, denn es brachte die Möglichkeit von Krieg oder gar Atomkrieg in unsere Welt. Andererseits schuf es auch Identität. Denn es erzeugte Angst. Und Angst schweißt zusammen. Egal, auf welcher Seite der Mauer man sich selbst verortete.

Mit dem Zusammenbruch des einen Teils brach auch für den anderen Teil ein wesentliches Identitätsmerkmal zusammen. Man wusste nicht mehr, wogegen man sein sollte. Das gemeinsame, kollektive Bewusstsein schwand. Seitdem ist die westliche Welt auf der Suche nach einem „Feindbild“, das sie wieder zusammenschweißt und ihr Identität gibt. Teilweise wird sie fündig in der Angst vor der chinesischen Weltherrschaft, teilweise in der Angst vor dem islamischen Terror und teilweise in der Angst vor der Klima-Apokalypse. All diese Ängste haben eine wichtige Funktion in der Gesellschaft: Sie geben Orientierung, sie geben ein kollektives Bewusstsein, was „gut“ und was „böse“ in der Welt ist.

Auch Unternehmen wollen und müssen sich in der Gesellschaft verorten. Für sie führte die Entwicklung dazu, dass sie sich mit dem Postulat des Unternehmenswerts „Nachhaltigkeit“ eindeutig auf der Seite der Guten verorten können. Dies sorgte für den starken Bedeutungsgewinn der Nachhaltigkeit. Auch wenn sie manchen Vorständen immer noch eher als Kostentreiber vorkommt, der großgeschrieben, aber lieber klein gemacht wird.

Doch egal, aus welchem Antrieb sich die Unternehmen selbst eine Verantwortung für die nachhaltige Entwicklung zuschreiben, sie haben damit in den vergangenen Jahren den Wert der Nachhaltigkeit umdefiniert. Sie haben die

Nachhaltigkeit aus dem Bereich des „Gutmenschentums" gezogen und mit einer Investment-Logik hinterlegt.

Falls Verantwortung und Nachhaltigkeit zu Ihren zentralen Unternehmenswerten gehören, werden Sie künftig kein „Ökoaktivist" oder „Gutmensch" sein. Sie werden den Ressourcenverbrauch berechenbar machen. Sie werden ihn in Ihren Produkten und Dienstleistungen mehr und mehr einpreisen. Nicht nachhaltige Produkte werden damit teurer. Die Nachhaltigkeit wird zum Kostensenker. Zudem wird die Verantwortung des Unternehmens gegenüber seiner Umwelt nicht nur auf die singuläre Produktion und Nutzung eines einzelnen Produkts bezogen. Sie wird als Ganzes betrachtet, vom Ressourcenverbrauch der Rohstoffgewinnung über die Verarbeitung bis zur Entsorgung.

Produkte und Services im sozialen Bereich, im Umweltschutz, in der Entwicklungshilfe werden der bisherigen Spenden-Logik entzogen. Stattdessen werden sie mit Businessplänen hinterlegt. Wer als Unternehmen nachhaltig sein will, der bittet künftig nicht mehr um Spenden, sondern gibt seinen Kunden die Möglichkeit, durch den Kauf von Produkten und Services in die „Rettung der Welt" zu investieren.

Es ist Zeit für Social Joint Venture

Peter M. Endres

Peter M. Endres war bis Ende 2013 Vorstandsvorsitzender der ERGO Direkt Versicherungen. Er gilt als Vordenker in der deutschen Versicherungsbranche. 1990 stieg er als Direktor Direktvertrieb bei den damaligen Quelle Versicherungen ein, 1998 wurde er in den Vorstand berufen und übernahm 2003 den Vorstandsvorsitz. Unter seiner Führung wuchs sein Unternehmen von 30 auf mehr als 2000 Mitarbeiter. Er führte das Unternehmen durch verschiedene Eigentümerstrukturen bis zur ERGO Direkt Versicherungen und initiierte echte Innovationen in der Versicherungsbranche. Anfang 2014 veröffentlichte er zusammen mit dem Neurobiologen Prof. Dr. Gerald Hüther das Buch „Lernlust – worauf es im Leben wirklich ankommt". Er unterstützt damit innovative Bildungsprojekte.

Leon ist 17. Leon geht auf eine Schule, in der 95 Prozent der Kinder einen Migrationshintergund haben. Leons Leistungen sind schlecht. Er ist schon einmal sitzengeblieben. Für ihn gilt: Playstation statt Physik. Vor zwei Uhr nachts kommt er nicht ins Bett – und morgens nie pünktlich in die Schule. Er raucht, der Alkoholabsturz am Wochenende gehört zu Leons Leben wie die Perspektivlosigkeit.

Das war vor einem Jahr: Heute will Leon Lehrer werden. Er hat noch zwei Jahre Zeit, um sein Abi zu machen. Leon will einen Notenschnitt von 1,6 erreichen. „Das wird verdammt schwer", weiß er. Aber Leon weiß auch, dass er es schaffen kann. Leon hat angefangen Sport zu treiben, mit dem Rauchen hat er aufgehört. Manches Mal kommt er immer noch zu spät in die Schule – aber nicht, weil er am Abend zuvor abgestürzt ist. Sondern weil er morgens nicht rechtzeitig von „seinen Schülern" weggekommen ist. „Das ist echt schwer, sich von ihnen zu verabschieden. Immer wollen sie irgendetwas von mir wissen. Aber das ist ja genau das Tolle daran", sagt Leon.

Leon hat vor einem Jahr bei den „Sprachbotschaftern" angefangen – „Eigentlich nur, damit ich nicht in den Unterricht gehen musste." „Sprachbotschafter" ist ein Projekt von Margret Rasfeld an der Evangelischen Schule Berlin Zentrum. Ihre Schüler gehen dabei in Grundschulen, um dort Kinder im Unterricht zu begleiten und beim Lernen zu unterstützen. Aus Leon, dem Loser wurde Leon, der Lehrer. „Ich finde es spannend, im Umgang mit den Kindern das richtige Maß zwischen Strenge und Lockerheit zu finden. Aber ich scheine das ganz gut zu machen – die Kids sind zumindest alle ganz happy, wenn ich in die Schule komme."

Was hat Leon mit Verantwortung von Unternehmen zu tun? Aktuell noch nichts. In Zukunft sehr viel. Denn Unternehmen werden Verantwortung übernehmen für Bildung. Warum? Weil Eltern nicht selten überfordert sind. Weil die Schulen in den meisten Fällen keine Lösungen bieten. Und weil sich die Politik in einem föderalen System bewegt, das keine schnellen und zielorientierten Lösungen ermöglicht.

Was gibt ein Unternehmen der Gesellschaft zurück? Die Erwartungen sind teils sehr hoch, doch noch spielt dieses Thema kaum eine Rolle. Vor zehn Jahren war auch die Frage nicht existent, was ein Unternehmen der Umwelt zurückgeben sollte. Heute ist es selbstverständlich, dass Geschäftsbriefe auf umweltfreundlich produziertem Papier verfasst werden. Und natürlich findet heute fast jeder die Aufforderung am Ende seiner E-Mail, doch bitteschön darüber nachzudenken, ob es wirklich notwendig ist sie auszudrucken.

Umweltschutz ist Standard. Kein vernünftig agierendes Unternehmen wird infrage stellen, dass er notwendig ist – genauso notwendig wie für eine Aktiengesellschaft, einen Geschäftsbericht zu erstellen. Umweltschutz wird zum Hygienefaktor: Er wird als selbstverständlich betrachtet. Lediglich, wenn ein Unternehmen sich darum nicht kümmert, empfinden Kunden und Mitarbeiter dies als Mangel. Damit wird das Thema in die Vielzahl derer einsortiert, die behandelt werden müssen.

Und doch gibt es einen gravierenden Unterschied zu anderen Themen: Der Zweck eines Unternehmens ist, Gewinn zu erzielen. Damit werden die Shareholder bedient und durch Investitionen weiteres Wachstum ermöglicht. Wenn diese Ziele erreicht sind, stellt sich die Frage: Welcher Gewinn ist sinnvoll? Sind es hundert Millionen, eine Milliarde oder mehr? Die Frage nach der Sinnhaftigkeit der Gewinnhöhe und vor allem der Verwendung wird dabei zunehmend von Shareholdern gestellt. Natürlich wehrt sich niemand aus dieser Gruppe gegen eine hohe Gewinnausschüttung. Doch nach Aufteilung des Gewinns muss ein Vorstand heute auch schon die Frage beantworten, was das Unternehmen der Umwelt von dem zurückgibt, was es ihr entnommen hat. Und in Zukunft muss er auch beantworten, was er der Gesellschaft zurückgeben will.

Viele Unternehmen sind schon auf dem Weg dorthin: Die Stiftung des Autoriesen General Motors hat im vergangenen Jahr allein rund 25 Millionen Euro investiert, um 7 Schulen in der Region Detroit zu unterstützen. Zum einen will GM als guter Bürger auftreten – sogenanntes Corporate Citizenship betreiben. Andererseits will GM einen essenziellen Beitrag leisten, um die Kriminalitätsrate in der Region zu verringern. Der Ansatz: GM gehört zu den Gründungsmitgliedern von Crime Stoppers, einer gemeinnützigen Organisation, die Prämien zur Erfassung von Verbrechern aussetzt und auf diese Weise Bürger dazu ermutigt, Verbrechen in ihrer Nachbarschaft zu melden.

Für Deutschland ist das (glücklicherweise noch) keine Blaupause. Die Fragen nach dem gesellschaftlichen Engagement eines Unternehmens werden indes hörbarer – und sie werden nicht nur von Shareholdern geäußert, sondern zunehmend auch von Bewerbern. Beim „War of Talents", also der Auseinandersetzung um den besten Mitarbeiter, sind es vor allem die erfolgsbewussten, karriereorientierten Bewerber, für die nicht nur ein gutes Gehalt und eine ausreichende Balance zwischen Berufs- und Arbeitsleben entscheidend sind. Zunehmend ist für diese attraktive Zielgruppe auch die Rolle des Unternehmens im Umgang mit der Umwelt entscheidend – und seit Kurzem wollen immer mehr auch Fragen zum gesellschaftlichen Engagement beantwortet wissen.

Maßnahmen rund um die sogenannte Corporate Social Responsibility (CSR) sind nur ein erster Schritt. Sie beschränken sich in aller Regel darauf, Initiativen im Umfeld des Unternehmens finanziell zu unterstützen. Doch vom Wissen, wie ein Unternehmen der Gesellschaft etwas zurückgeben kann, sind die meisten Firmen weit entfernt – etwa wie vor zehn Jahren, als Kompetenz in Sachen Umwelt ebenfalls kaum vorhanden war.

Bei einer umweltfreundlichen Produktionsweise geht es meist um die Anpassung bereits existierender Prozesse. Eventuelle Fragestellungen, die intern nicht beantwortet werden können, werden durch den Einkauf von Spezialisten oder durch das Hinzuziehen von Experten gelöst.

Auch bei gesellschaftlichen Fragestellungen sind die Experten gefragt. Doch eingekauft werden wollen die wenigsten. Deshalb bietet sich ein Social Joint Venture an. Bei Social Joint Ventures kommt das Beste aus den Welten Ökonomie und Zivilgesellschaft zusammen: Unternehmen haben in aller Regel eine große Expertise darin, Märkte zu sondieren und in ihnen zu agieren – dafür gibt es Vertriebe und Marketing. Gemeinnützige Organisationen kennen Mangelerscheinungen und Bedürfnisse von Gesellschaften und wollen diese beseitigen, respektive befriedigen. Umgekehrt kennen sich die wenigsten Non-Profit-Organisationen mit der Aktivierung von potenziellen Unterstützern aus, und Unternehmen haben größte Schwierigkeiten, die – vielleicht lösbaren – Probleme auch außerhalb der direkten Umgebung des jeweiligen Standorts zu definieren.

Ein Social Joint Venture ist für jedes Unternehmen eine Herausforderung. Die Denkweise von sozial engagierten Personen unterscheidet sich grundlegend von jener in Unternehmen: Statt prozessorientiert und massenkompatibel denken sie einzelfallorientiert. Image und Außenwirkung sind meist zweitrangig. Doch wer meint, es seien vor allem Sozialromantiker im Non-Profit-Markt unterwegs, liegt falsch: Die meisten sind zielorientiert, haben das Spendensammeln professionalisiert – und in Fundraising umbenannt. Dass sich diese Organisationen wie selbstverständlich in sozialen Medien bewegen, wo leicht und ohne Aufwand weitere Unterstützer gewonnen werden können, gehört ebenfalls zur Selbstverständlichkeit. Auch der Wettbewerb um das knappe Gut Zeit und das etwas leichter verfügbare, aber umso schwerer zu bekommende Gut Geld ist in diesen engagierten Gruppen längst in vollem Gang.

Ein Social Joint Venture ist für jedes Unternehmen eine Chance. Jede Aktivität von Unternehmen, die über den eigentlichen Unternehmenszweck hinausgeht, wird zunächst einmal in der Öffentlichkeit kritisch betrachtet. So sehen sich Firmen nicht selten mit dem Vorwurf konfrontiert, sie wollten sich etwa mit ihrem Einsatz für die Natur reinwaschen – der Begriff des Greenwashing wurde dafür geschaffen. Die Liste derjenigen Unternehmen, denen dieses Vorgehen vorgeworfen wird, reicht von Danone über RWE bis hin zu Krombacher.

Mit Sicherheit gibt es Unternehmen, die mit einem Umweltengagement versuchen, die eigene Unzulänglichkeit zu kaschieren. Dennoch wird meist nicht das Bemühen des Unternehmens und dessen guter Wille in den Mittelpunkt gestellt, sondern zunächst einmal die Absicht und Wirksamkeit der Maßnahmen hinterfragt. Unternehmen haben ein Glaubwürdigkeitsproblem: Ein Gewinnoptimierer kann kein Umweltaktivist sein.

Wenn sich eine Firma auf den Weg macht, gesellschaftliche Fragen wie Bildung, Chancengerechtigkeit, gerechte Altersvorsorge et cetera als Teil der Unternehmensziele zu definieren, ist das Misstrauen noch stärker ausgeprägt.

Freiwilligenprogramme – auch Corporate Volunteering genannt – sind der ideale Einstieg für Social Joint Ventures. Bei diesen Programmen werden die Mitarbeiter einen oder mehrere Tage vom Unternehmen freigestellt, um in sozialen Einrichtungen oder Organisationen auszuhelfen. Dabei zeigt sich schnell, ob es ausreicht, Mitarbeiter gezielt an die Brennpunkte zu entsenden oder ob es nicht vielmehr Themen gibt, die langfristig gemeinsam bearbeitet werden sollten.

Dann ist es Zeit für ein Social Joint Venture. Selbstverständlich sind Corporate Volunteering Programme und Social Joint Ventures keine geringen Investitionen: Wird etwa dem Mitarbeiter ein Tag Urlaub gewährt, wenn er selbst bereit ist, einen Tag seines Urlaubs zu opfern, ist der Verlust an Arbeitskraft leicht zu beziffern. Die Bewertung des Nutzens fällt deutlich schwerer. In Belegschaften, die sich mit diesem Thema beschäftigen, tritt jedoch meist ein Wandel ein. Das Erlebte wird ins Unternehmen mitgenommen – und prägt eine neue Kultur des Miteinander.

Das Wissen und das Können des Partners diffundiert in das eigene Unternehmen. Manch eine neue Methode bringt dann auch als unumstößlich geltende Wahrheiten ins Wanken: Wer sagt denn, dass Wissen und Können nur von Vorgesetzten transportiert werden müssen?

Eines der Prinzipien, die Leon vorangebracht haben, ist der Schüler-lehren-Schüler-Ansatz. Denn Leon ist mit seinen 17 Jahren deutlich näher an den Themen und Problemen der 10-Jährigen dran als der 35-jährige Studienrat. Und natürlich kennt er auch die Probleme von Schülern – schließlich ist er ja selbst einer. Übertragen wir diesen Gedanken auf den unternehmerischen Prozess, dann sollten ausgelernte Azubis den neuen helfen. Und auch die Wissensweitergabe muss nicht zwingend von einem Trainer erfolgen. Und damit fangen die

Möglichkeiten, die sich durch gegenseitiges Lernen ergeben können, erst an.

Leon hat erlebt, dass er gebraucht wird. Sein Leben hat sich dadurch verändert. Den frühen Leon hätte wohl kaum ein Unternehmen einstellen wollen. Für den neuen Leon gibt es wohl fast überall einen Platz – auch wenn er den Numerus clausus von 1,6 nicht erreichen sollte.

Aufgabe der Unternehmen wird es sein, zumindest der Mehrzahl der Kinder die Möglichkeit zu bieten, einen ähnlichen Weg wie Leon einzuschlagen. Denn aus solchen Kindern werden nicht nur bessere Mitarbeiter, sondern auch verantwortungsvollere Menschen.

Was die „Abstürze“ früherer Kulturen über unsere Werte sagen

Dominique Görlitz

Dr. Dominique Görlitz ist Experimentalarchäologe und Leiter der ABORA-Expedition. In nach steinzeitlichen Vorbildern gebauten Schilfbooten unternahm er zahlreiche Expeditionen, darunter eine Atlantiküberquerung 2007. Die New York Times nannte ihn den „deutschen Indiana Jones, der versucht auf einem Strohballen den Nordatlantik zu überqueren“. Auf www.abora.eu dokumentiert er seine Expeditionen. Im Jahre 2013 wurde ihm vorgeworfen, illegal Proben aus der Cheopspyramide in Ägypten entwendet zu haben, ein Vorwurf, der wenig später entkräftet wurde. Er geht davon aus, dass das innovative Potenzial der Menschheit in der Vorzeit höher war, als heute allgemein angenommen wird und betrachtet es als Aufgabe der Altertumswissenschaften, herauszufinden, welche Mechanismen zum Aufstieg, zur Blüte und schließlich zur Dekadenz sowie dem Niedergang von Kulturen führten.

2007 startete ein internationales Team aus engagierten Menschen unter den Augen unzähliger Kamerateams und Journalisten vor der Skyline Manhattans mit einem prähistorischen Schilfboot eine außergewöhnliche Expedition. Sie sollte beweisen, dass die Kulturen weit vor der Zeitrechnung über die Weltmeere hinweg Wissen, Kultur und Technologie austauschten. Der von uns heute oft belächelte Stand alter Technologien erweist sich bei einer genaueren Überprüfung als oft überraschend fortschrittlich. Der Nachbau des Schilfboots ABORA III sollte belegen, dass man schon vor mindestens 10.000

Jahren über hochseetaugliche Schiffe verfügte, die Wind und Strömungen trotzten, und dass es viel früher für den Menschen möglich war, neue Welten zu entdecken.

Im Zentrum unserer Forschungen stehen neben den technischen Fertigkeiten auch die intellektuellen und kognitiven Fähigkeiten jener Kulturgesellschaften. Über die Jahre erhält man so auch ein Verständnis und einen Einblick in die grundsätzlichen Zusammenhänge des menschlichen Verhaltens. Aus diesem Grund möchte ich mit meinen ABORA-Seereisen nicht allein die Frage beantworten, wer der wahre Entdecker Amerikas war, sondern vielmehr auch relevante Erkenntnisse aus der Geschichte der frühen Hochkulturen auf aktuelle gesellschaftliche Themen ableiten. Diese Erkenntnisse sind sehr gut geeignet, um die historischen Dimensionen der Wertedebatte, insbesondere aus der Sicht von Nachhaltigkeit und Verantwortung, miteinzubeziehen.

Den Beginn der wissenschaftlichen Auseinandersetzung über „nachhaltige Entwicklung“ markiert die Studie zu den „Grenzen des Wachstums“. Dieser erste Bericht vom Club of Rome mahnt eine neue „Weltkonjunkturpolitik“ an. Zentral für den Bericht ist die Annahme, dass *„die Menschheit noch die Chance [hat], durch ein auf die Zukunft bezogenes gemeinsames Handeln aller Nationen die Lebensqualität zu erhalten und eine Gesellschaft im weltweiten Gleichgewicht zu schaffen, die Bestand für Generationen hat.*“[16] Viel wurde seit der Veröffentlichung über die Prognosen, Schlussfolgerungen und Beschlüsse diskutiert. Wenn man sie jedoch kritisch und ideologiefrei hinterfragt, muss man leider zu einem pessimistischen Fazit kommen. Trotz intensiver Bemühungen vieler gesellschaftlicher Organisationen sind die Grundziele des Club of Rome nicht erreicht worden!

Kein moderner Mensch würde heute leugnen, dass ein verantwortungsvoller Umgang mit der Natur und den Ressourcen unseres Planeten eines der wesentlichen Ziele und eine zentrale Herausforderung für die Zukunft ist. Jeder vernünftige Mensch würde vermutlich ohne Zögern einen Wertekodex unterschreiben und für die Umsetzung dieser Inhalte eintreten. Doch es muss die kritische Frage erlaubt sein, warum sich seit 1972 so wenige Menschen, Unternehmen, Politiker und Organisationen den Vorschlägen und Maßnahmen des Club of Rome angeschlossen haben, um die Errungenschaften unserer Zivilisation und damit verbunden die Biosphäre der Erde nachhaltig zu schützen? Dieser Schutz und der verantwortungsbewusste Umgang mit der Nachhaltigkeit umfasst auch all die Werte, die wir als Zivilisation sowohl formell und auch informell festgeschrieben haben. Dass dies keine akademische Elfenbeinturmdebatte ist und sie einen direkten Einfluss auf die moderne Gesellschaft und sogar auf Unternehmen hat, wurde bereits in der Einführung hervorgehoben. In diesem Beitrag soll vielmehr der Blick auf das Gestern gerichtet werden, um zu verstehen, warum sich solche Debatten so oder so auswirken und warum wir uns so schwer tun, bestimmte Erkenntnisse umzusetzen.

Experimentalarchäologische Forschung im Kontext kritischer Hinterfragung

Die jahrzehntelangen Untersuchungen zum Thema alter Kulturen und die vergangenen ABORA-Expeditionen sind Themen, die mich bei meinen Forschungen vorantreiben. Ausgestattet mit einer Mischung aus Neugierde und freiem Denken wage ich mich immer wieder auf neues Terrain, um eingesessene Althistoriker und auch andere Wissenschaftler mit meinen neuen Ansätzen zu toupieren und zu drängen, ihre eigenen Theorien neu zu bewerten. Als „Regelbrecher in der Wissenschaft" muss man es sich natürlich auch gefallen lassen, wenn in der Presse, wie bei meinem gegenwärtigen Forschungsprojekt zur Cheopspyramide, fälschlicherweise von „Grabschänderei"[17] berichtet wird oder man mich als den deutschen Indiana Jones tituliert.[18]

Das ist keinesfalls das Ziel meiner empirischen und experimentellen Ausflüge in die Wissenschaft. Ich möchte nicht bei der Erforschung vergangener Prozesse und Erkenntnisse stehenbleiben, sondern eine tiefere Botschaft verbreiten: Die Zivilisationen des Altertums sind nicht am Fehlen von Einfallsreichtum oder dem Mangel an Rohstoffen gescheitert. Vergangene Gesellschaften waren nicht überlebensfähig, weil sie nicht in der Lage waren, ihr konventionelles Denken zu verändern und ihre gesellschaftlichen Normen und Werte an neue Bedingungen anzupassen. Die Anforderungen in unserer modernen Gesellschaft an höchste Innovationskraft, Flexibilität und Kreativität stehen scheinbar unseren „inneren Bremsen" gegenüber.

Welche vererbten, möglicherweise genetisch fixierten Verhaltensweisen hindern Menschen daran, ihr innovatives Potenzial zur Weiterentwicklung oder Umgestaltung veralteter Strukturen umzusetzen? Was motiviert und begeistert uns wirklich? Welche Werte müssen wir auf dem Weg zu einer besseren Gesellschaft bewahren und welche müssen möglicherweise neu definiert und über Bord geworfen werden? Wie werden wir in Zukunft denken und arbeiten müssen, um uns die eigenen Chancen nicht selbst zu verbauen?

Die ABORA-Forschungen können schlüssige Antworten auf wichtige Fragen geben, die für die moderne Gesellschaft von hoher Relevanz sind. Die Zukunft ist komplex, dynamisch und schwer vorhersagbar. Unsere Gesellschaft tut sich jedoch mit diesen Herausforderungen schwer, denn der Wandel in neue Verhaltensdimensionen bedeutet auch die Aufgabe herkömmlicher Verhaltensweisen und deren Werte. Doch genau hier setzt die ABORA-Forschung an. Sie leitet wichtige Erkenntnisse aus den Prozessen der Vergangenheit ab. Der Schlüssel zur Bewältigung von Komplexität und den bevorstehenden umfassenden Veränderungen liegt nicht nur im Fortschreiben und Beschleunigen bestehender Prozesse und Strukturen, sondern im Ausbrechen aus ebendiesen Mustern. Nur wer neu denkt, erreicht neues und echtes nachhaltiges Wachstum.

Deshalb verstehe ich meine Expeditionen als Spiegel gesellschaftlicher Themen in den Bereichen Innovation, Teamstruktur und vor allem Vernetzung. Als Wissenschaftler bin ich geprägt vom klassischen, humanistischen Bildungs- und Forschungsverständnis sowie vom Ideal des allgemeingebildeten, interdisziplinär denkenden und arbeitenden Wissenschaftlers: „Woher kommen wir, wer sind wir, und wo gehen wir hin?“ Das sind Fragen, die sich meiner Meinung nach nur beantworten lassen, wenn das bisher in der Forschung dominante Modell einer linearen Zivilisationsentwicklung kritisch hinterfragt und die Möglichkeit zyklischer Entwicklungsprozesse verstärkt in die kulturhistorische Analyse miteinbezogen wird.

Ich gehe davon aus, dass das innovative Potenzial der Menschheit bereits in der Vorgeschichte bedeutsamer war, als es heute in den Lehrbüchern für Geschichte nachzulesen ist. Deshalb betrachte ich es als wesentliche Aufgabe der Altertumswissenschaften, herauszufinden welche Mechanismen zum Aufstieg, zur Blüte und schließlich zu Dekadenz, Niedergang und Verlöschen von Kulturen führten. Ein zentraler Ansatzpunkt ist dabei für mich die Seefahrtsgeschichte der Menschheit vor dem Hintergrund der Hypothese, dass bereits vor- und frühzeitliche Seefahrer interkontinentale kulturelle Diffusionsprozesse bewirkten. Bei aller Diskussion um Wertewandel und Nachhaltigkeit fehlt mir die philosophische Überlegung, was unsere moderne Gesellschaft aus den unzähligen kulturellen „Abstürzen" früherer Gesellschaften lernen kann. Wie wenden wir diese Erkenntnisse in der gesellschaftlichen Realität an?

Aus diesem Grund plädiere ich dafür, dass unser kulturhistorischer Ansatz dahingehend erweitert wird, dass wir verstärkt innere und weniger äußere Faktoren für den Kollaps der vorangegangenen Zivilisationen einbeziehen sollten. Insofern müssen wir auch bereit sein, tradierte Normen und Werte auf den Prüfstand zu stellen und sie gemäß des „historischen Imperativs" neu zu definieren.

Die wichtigste Entdeckung seit den Tagen von Thor Heyerdahl

Immer wieder wird der 2002 verstorbene Norweger Thor Heyerdahl als „mein Vorbild“ genannt. Heyerdahl, der mit seinen Papyrusflößen nur vor dem Wind – also nur von A nach B – segeln konnte, nutzte vor allem altertümliche Quellen aus Ägypten. Ich verfolge als Naturwissenschaftler einen anderen Ansatz. Meiner Meinung nach musste das technische Problem des Segelns gegen den Wind bereits viel früher, spätestens ab Beginn der Steinzeit gelöst worden sein. Anders wären meiner Meinung nach die Kolonialisierung und der Kulturaustausch über das Mittelmeer nicht möglich gewesen, was nach neuesten Funden bereits vor 200.000 Jahren begann.

Viele Fachwissenschaftler lehnen meine Theorien und Interpretationen noch immer ab. Sie meinen, dass der Mensch der Vorzeit weder das intellektuelle noch das praktische Know-how besaß, mit seinen scheinbar primitiven Wasserfahrzeugen als Wanderer zwischen den Kontinenten hin und her zu reisen. Ich kann mit meinen eigenen pflanzengeografischen Forschungen und neusten Erkenntnissen der Humangenetik jedoch viele Befunde zusammentragen, die Hinweise liefern, dass irgendetwas an der (Wieder)- Entdeckung Amerikas durch Christoph Kolumbus im Jahre 1492 nicht stimmen kann.

Der von uns heute oft belächelte Stand alter Technologien erweist sich bei einer genaueren Überprüfung als oft überraschend fortschrittlich. Der Nachbau meiner ABORA-Schiffe sollte empirisch belegen, dass man schon vor mindestens 10.000 Jahren über hochseetaugliche Schiffe verfügte, die Wind und Strömungen trotzten und dass es viel früher für den

Menschen möglich war, neue Welten zu entdecken. Die Wissenschaftsgemeinschaft ist sich jedoch immer noch einig, dass dieser Ansatz, insbesondere durch die Nutzung eines jungsteinzeitlichen Schilfbootes, unwissenschaftlich sei. Diese Art Schiff könne niemals interhemisphärischen Kulturaustausch vermittelt haben. Die Entdeckung und Eroberung der Welt ist also erst zu einem recht späten Zeitpunkt, vermutlich ab der frühen Neuzeit erfolgt.

Thor Heyerdahl gilt als Begründer der experimentellen Schiffsarchäologie. Bereits Mitte des letzten Jahrhunderts vertrat er die These, dass es schon in vorgeschichtlicher Zeit transatlantische Kontakte zwischen der Alten und der Neuen Welt gegeben haben könnte. Seinerzeit lagen jedoch kaum praktische Kenntnisse über die frühe Seefahrt vor, was eine Beurteilung der Seetüchtigkeit oder Reichweite der von prähistorischen Felsbildern bekannten Boote nahezu unmöglich machte. Konsequenterweise widmete sich Thor Heyerdahl daher der praktischen Erforschung früher Seefahrzeuge und erzielte mit seinen Expeditionen KON-TIKI (1946/47), RA I und RA II (1969/70) sowie TIGRIS (1977/78) größte öffentliche Aufmerksamkeit. Von wissenschaftlicher Seite musste er jedoch die berechtigte Kritik hinnehmen, dass ihm mit seiner RA II zwar eine gut 3300 Seemeilen lange Reise von Marokko nach Barbados gelungen sei, dies aber nur mit den vorherrschenden Strömungen und vor dem Wind. Seine Boote besaßen nicht die Fähigkeit, quer und gegen den Wind zu navigieren. Er hätte zum Beispiel nie vom ägyptischen Alexandria aus nach Marokko segeln, geschweige denn eine Reise von Amerika über den Nordatlantik zurück in die Alte Welt erfolgreich bestreiten können.

Aus diesem Grund widme ich mich schon seit meiner Jugend der Frage nach den Anfängen der Schifffahrt in der Vorzeit. Im Unterschied zu Thor Heyerdahl stütze ich mich nicht auf altägyptische, sondern auf vorgeschichtliche Belege. Die Felsbilder der prädynastischen Negade-Kultur (ca. 3500 v.Chr.) weisen im Unterschied zu den ägyptischen auffällige Striche an Bug und Heck auf. 1993 entdeckte ich noch als Student während einer neunwöchigen Forschungsreise in Ägypten auf Felsbildern im Wadi Hammamat erste Hinweise für die Nutzung von Seitenschwertern für das Segeln gegen den Wind.

Es folgten erste Experimente mit kleineren Schilfbooten und schließlich 1999 im zentralen Mittelmeer die erste große ABORA I-Expedition. Der wissenschaftliche Durchbruch gelang meinem Team allerdings erst drei Jahre später mit der ABORA II-Expedition im Jahr 2002. Es segelte in dem riesigen Kulturdreieck von Alexandria/Ägypten via Beirut nach Zypern, um schließlich fast 600 Kilometer gegen vorherrschende NW-Winde nach Alexandria zurückzukreuzen. Dieses Experiment bewies, dass Seitenschwerter am Bug wie ein moderner Kiel, nicht nur die Seitabdrift minimieren, sondern auch die Segelphysik positiv beeinflussen. Im Unterschied zu Thor Heyerdahl, der Schwerter nur unsystematisch nutzte, setzte ich meine Kielschwerter so ein, dass sie gezielt den Lateraldruckpunkt des Rumpfes vor den Segeldruckpunkt verschoben. Damit kann ein an sich kielloses Schilffloß in den Wind drehen (in den Luv), um Kurs gegen den Wind aufzunehmen. Mithilfe von leichten Strömungen von hinten kann ein Schilfboot auf diese Weise bis 70 Grad am wahren Wind segeln. Das ist für ein jungsteinzeitliches Seefahrzeug eine erstaunliche Leistung, wenn man bedenkt, dass mittelalterliche Karavellen kaum 75 Grad am Wind geschafft haben.[19]

Mit der ABORA II-Expedition war zum ersten Mal der Nachweis gelungen, dass man nicht nur mit günstigen Bedingungen von einem Ort wegsegeln, sondern auch gegen die Elemente wieder zum Ausgangspunkt zurückkehren konnte. Das war ein echter Regelbruch in der Wissenschaft, ging man doch bisher immer davon aus, dass die Menschen erst relativ spät in der Antike – beziehungsweise erst die Araber in der frühen Neuzeit – zu solchen maritimen Leistungen in der Lage waren. Dieser seefahrthistorische Nachweis stieß das Tor zum Atlantik auf. Das nächste Experiment sollte nun ebenfalls Neuland erschließen.

Die ABORA III-Expedition

Mit einem 11-köpfigen, internationalen Team wollte ich 2007 beweisen, dass die Kulturen weit vor unserer Zeitrechnung über den Atlantik hinweg Wissen, Kultur und Technologie austauschten. Zum ersten Mal in der Neuzeit sollte ein prähistorischer Rahsegler die für unmöglich gehaltene Nordroute des Atlantiks überqueren. Im Unterschied zur Südroute, die Thor Heyerdahl für die berühmte RA II-Expedition wählte, wird der Golfstrom nicht durch gleichmäßige Winde und Strömungen unterstützt. Die ABORA III würde ihre Mission nur erfüllen können, wenn sie von New York bis zu ihrem Endpunkt gegen Winde und Strömungen ankreuzen konnte. Das hatte bisher noch keine Expedition mit einem Steinzeitschiff versucht!

Die größte Herausforderung bestand nicht in der Überwindung der zu erwartenden Schlechtwettersituationen, sondern in der Befahrung des Golfstroms. Er wird von großen Wasserwirbeln flankiert, die sich entgegen seiner Hauptströmungsrichtung drehen. Die ABORA III konnte allen Prognosen von Ozeanografen und Seefahrthistorikern zum Trotz demonstrieren, dass ein jungsteinzeitlicher Rahsegler selbst bei ungünstigen Windrichtungen in der Lage sein kann, sich dreimal aus den riesigen Wasserwirbeln frei zu segeln und wieder Kurs in Richtung Alte Welt aufzunehmen.

Die Expedition legte in 56 Tagen über 4400 km (= 2410 Seemeilen) zurück. Die Mehrheit der Meilen wurde quer und gegen den Wind gesegelt. Das Wetter bescherte dem Expeditionsteam ab August unerwartet viele Tiefdruckgebiete. Dreizehn Stürme, zwei mit Windspitzen bis zu Windstärke 10, überstand der prähistorische Rahsegler ohne größere Schäden. Erst ein Orkantief (12. Sturm) schüttelte die ABORA III 800 Meilen vor den Azoren drei Tage lang durch, wobei das Heck abbrach. Vermutlich eine Folge der immensen Transportschäden, die das Schilfboot auf seiner Überführung von Bolivien zum Startort in New York erlitten hatte. Nach altägyptischen Tempeldarstellungen wurde das Schilfboot umgebaut und der Masttrimm geändert – mit dem Resultat, dass man das zuvor havarierte Schiff wieder steuern konnte. Die Crew legte mit dem Schiff nochmals 220 Meilen unter Segeln zurück. Aufgrund des Umstands, dass sich das ersehnte Azorenhoch nach 13 Stürmen nicht einstellte, beendete unsere Mannschaft das Experiment etwa 500 Seemeilen vor den Azoren.

Obwohl das geografische Ziel nicht erreicht wurde, hat die Seereise der ABORA III die wesentlichen Fragen beantwortet. Sie konnte dokumentieren, dass ein prähistorisches Schilfboot die maritime Fähigkeit besitzt, den Nordatlantik in umgekehrter Richtung entlang des Golfstroms zu überqueren. Dafür sprechen alle Erfahrungen und Beobachtungen meiner Crew.

Transatlantische Reisen in der Vorzeit

Viele Wissenschaftler messen den 2000 Kilometern, die der ABORA III bis nach Spanien noch fehlten, mehr Bedeutung bei als den 4400 Kilometern, die die Crew unter schwierigsten Bedingungen zurückgelegt hatte. Für einen echten Regelbrecher ist das kein Grund, die Flinte ins Korn zu werfen, sondern jetzt erst recht den Nachweis anzutreten: Mit einer verbesserten ABORA IV wollen wir die Herausforderung des Nordatlantiks noch einmal aufnehmen.

Die interdisziplinäre Wissenschaft trägt immer zahlreichere Hinweise zusammen, die belegen, dass der amerikanische Doppelkontinent nicht ausschließlich über die Beringstraße besiedelt wurde.[20] Damit mehren sich die Indizien, dass auch Kolumbus nicht der erste geschichtlich bedeutsame Entdecker aus der Alten Welt war. Sollte es meinem ABORA-Team gelingen, noch einmal mit einem Steinzeitboot auf dem Hudson River Segel zu setzen und den Nordatlantik zu überqueren, könnte es eines der spannendsten Paradigmen der Weltgeschichte auflösen: In grauer Vorzeit haben die Meere die Kontinente verbunden und nicht getrennt! Die Menschen meisterten den Seeweg über den Atlantik, und das in beiden Richtungen.

Dieser empirische Nachweis würde endlich die Mär von der Erst-Entdeckung Amerikas durch Kolumbus im Jahre 1492 entkräften. Diese wird immer noch als „das gesicherte Wissen" an europäischen Universitäten akademisch vertreten. Dabei hat doch Bertrand Russell allen Studierenden bereits vor Augen geführt: „Auch wenn alle einer Meinung sind, können sie alle Unrecht haben." Nun scheint die Zeit reif, für einen wissenschaftlichen Paradigmenwechsel einzutreten. Wahrheit kann man weder verbergen noch aufhalten. Sie bricht sich ihre Bahn. Das Alte wird überwunden, und das Neue wird zur „wahren" Theorie.

Den Mut, den mein ABORA III-Team auf unserer gefährlichen Seereise an den Tag legte, ist ein positives Zeichen dafür, dass wir neues Denken zulassen müssen und ebenso neuartige Einstellungen benötigen, um einen Wandel in vielen gesellschaftlichen Dimensionen herbeizuführen. Genau das hat der Club of Rome bereits vor Jahrzehnten propagiert. Diesen „Global Mind Shift" erreicht man jedoch nicht durch akademisches Propagieren, Untergangs- oder Kuschelpädagogik. Hierfür braucht es positive Emotionen und Begeisterung, um bestimmte intellektuelle, moralische und soziale Vorstellungen auf den Prüfstand zu stellen und gegebenenfalls über Bord zu werfen. Dies schließt auch unser heutiges Wertesystem ein, das durch Sozialisations- und Kulturationseffekte festgelegt und an nachfolgende Generationen weitergegeben wird.

Die Bedeutung des Wertewandels aus kulturhistorischer Sicht

Wenn vergangene Zivilisationen vermutlich leistungsfähiger und auf einem höheren Entwicklungsstand waren, wie neuere Forschungen nahelegen, kann die Erforschung nicht am archäologisch verbürgbaren „Vergänglichkeitshorizont" stehen bleiben. So, wie sich die Kulturen ständig durch äußere und vor allem innere Faktoren verändert, gegenseitig abgelöst und weiterentwickelt haben, unterliegen auch die Werte einem beständigen Veränderungsprozess. Die Ursachen für den Wertewandel sind vielfältig (veränderte Umweltbedingungen, Konflikthaltung gegenüber anderen Generationen etc.). Dieser Wandel ist allgegenwärtig und ein Teil unserer gesellschaftlichen Evolution. Die Frage ist deshalb nicht, ob er gut oder schlecht ist oder ob er stattfindet oder nicht, sondern wie wir mit diesen Veränderungen umgehen.

Ein Archäologen-Sprichwort sagt: „Die Steinzeit ist nicht zu Ende gegangen, weil den Menschen der Vorzeit die Steine ausgingen. Nein, sie hatten den Mut, sich neue Materialien und Produktionsverfahren zu erschließen." Wir stehen heute, ob man es gut findet oder nicht, an einer ähnlichen Schwelle. Der Technologie- und Erkenntnisfortschritt haben eine solch rasante Fahrt aufgenommen. Erfolge aus Humangenetik, Quantenphysik oder Nanochemie machen Hoffnung auf bisher unerreichte Leistungen in allen Lebensbereichen der Menschen. Dennoch können viele Menschen kognitiv, moralisch und auch sozial kaum noch Schritt halten, um diese Entwicklungen zu verstehen und mitzugestalten. Solche sprunghaften Veränderungen können mitunter zu Konflikten und Ängsten führen, weil sie nicht als beständig und nachhaltig empfunden werden.

Aus diesem Grund ist es so wichtig, die Menschen bei diesen Veränderungen mitzunehmen, ihnen die Zusammenhänge und Konsequenzen zu erklären. Die Politik nimmt dabei ihre Verantwortung bei diesen Prozessen nur bedingt wahr, weil sie die Menschen nicht ausreichend über die unausweichlichen Veränderungsprozesse aufklärt. Denn die Bevölkerung, die ihre eigene Kultur durch historisch erlebte Erfahrungen und Werte definiert, wird nur dann den geforderten Wandel mittragen, wenn sie positive Anreize und Motive erhält. Mit Angstparolen und Panikmache wird man allenfalls kurzzeitige Verhaltensänderungen auslösen, aber keinen stabilen Wandel der Einstellungen und erst recht keine neuen gesellschaftlichen Wertvorstellungen herbeiführen.

Um diese Ziele zu erreichen, brauchen wir ein richtiges Verständnis für unsere Vergangenheit sowie die Anwendung dieser Erkenntnisse und den verantwortungsvollen Umbau unserer Gesellschaft. Diese Prozesse benötigen gleichzeitig die fein abgestimmte Balance zwischen Bewahrung und Fortschritt in den betreffenden Bereichen der Gesellschaft. Der Österreicher Gustav Mahler hätte es treffender nicht ausdrücken können, als er schrieb: „Tradition ist nicht die Bewahrung der Asche, sondern die Weitergabe des Feuers."

Die eigentliche Wertedebatte hat aus meiner Sicht noch nicht richtig Fahrt aufgenommen und steht eigentlich noch aus! Aus diesem Grund ist es so wichtig, den aktuellen gesellschaftlichen Wandel als Chance zu verstehen und als ein positives Geschehen zu vermitteln.

Die Geschichtsschreibung kann ohne jedes Werturteil ein klares Bild skizzieren, was mit Zivilisationen passiert, die diesen Wandel nicht rechtzeitig oder nur unvollkommen absolvieren. Sie werden von innovativeren und leistungsfähigeren Gesellschaften eingeholt und gehen früher oder später unter. Deshalb ist es ein Grundwert und wichtiger Anspruch für die Zukunft unserer Gesellschaft, sich diesem Wandel zu stellen und dabei allen Beteiligten die wahre Bedeutung von Nachhaltigkeit und Verantwortung zu vermitteln.

Die Neuvermessung von Innovation & Dynamik

I*nnovation* ist für viele deutsche Unternehmen, sowohl große Konzerne als auch Technologie getriebene Mittelständler, einer der wichtigsten Werte der Vergangenheit gewesen. So wird es auch bleiben. Ganz ohne Zweifel! Denn die Technisierung und Automatisierung der Welt wird eher schneller als langsamer. Dies ist der Grund dafür, dass Innovation und Dynamik zwar wichtig bleiben, sich aber unser Verständnis dieser beiden Werte signifikant wandelt. Wir erleben eine Neuvermessung dieser Werte.

Die Geschwindigkeit der Innovationen in der Wirtschaft und der Gesellschaft war früher recht gering. Damit kein Missverständnis aufkommt: Unsere Vorgängergenerationen empfanden die Innovationen ihrer Zeit nicht als langsam, sondern durchaus als schnell und herausfordernd. Aber wenn wir mit heutigem Verständnis zurückblicken und mit heutigem Maß messen, dann waren die Innovationszyklen länger und die Dynamik viel geringer als heute.

Die Dynamik war in den vergangenen Jahrzehnten gar so gering, dass Unternehmen zumeist davon ausgehen konnten, dass sie durch einfaches Reagieren auf eine neue Innovation in ihrem Markt problemlos den Anschluss halten würden. Deshalb war Innovation nur eine Möglichkeit von vielen, um sich im Markt zu positionieren. Manche taten das über die Neuheit ihrer Produkte, die Mitbewerber über den Preis und wieder andere über das Design.

Doch in den meisten Branchen ist die Geschwindigkeit der Innovationen inzwischen rasant gestiegen. Und sie steigt weiter. Sie wird hauptsächlich durch die Digitalisierung vorangetrieben, die ausgehend von der IT-Branche auf alle anderen übergreift. Die Digitalisierung bringt die Logik des Moor'schen Gesetzes in alle Branchen. Es besagt, dass sich die Rechenkapazität von Computerchips alle 18 bis 24 Monate verdoppelt. Entsprechend exponentiell steigt die Innovationsdynamik in allen Branchen, in denen die IT die Hoheit über Produktionssysteme oder Kundenschnittstellen besitzt. Entsprechend exponentiell werden auch die Lebenszyklen entsprechender Produkte rasant kürzer. Der Zeitraum, in dem eine Technologie den Markt bestimmt, ehe sie von der nächsten abgelöst wird, sinkt rapide.

Und auch die Entstehung neuer Technologien ist einem Wandel unterworfen. Früher kamen Marktveränderungen aus der eigenen Branche. Sie waren für Topmanager frühzeitig erkennbar, wenn sie in den üblichen Branchengremien und -verbänden präsent waren. Heute kommen die wichtigsten Marktveränderungen fast ausschließlich „von der Seite", also aus Nachbarbranchen, die bereits mehr Erfahrung in der Digitalisierung ihrer Geschäftsmodelle haben.

Soweit so gut! Doch es bleibt nicht bei der Bestandsaufnahme, dass alles schneller wird. Denn zwangsläufig verändert sich unser Verständnis von Innovation mit und führt zu einem signifikanten Missverständnis der Innovatoren: Wir Strategieberater und Innovationsexperten wissen seit jeher, dass es nicht DIE eine Innovation gibt. Schon immer gab es sehr verschiedene Arten von Innovation. Denn Innovationen haben jeweils eine bestimmte Intensität. Es gibt stärkere Innovationen und schwächere. Schwache Innovationen sind etwa ein neues Produktdesign oder die Optimierung einer Technologie. Etwas stärker, also im Kontinuum der Innovationen etwa „mittelstark", wäre die Entwicklung einer neuen Gerätegeneration. Wirklich starke Innovationen hingegen sind jene, die nicht nur das Produkt selbst, sondern das komplette bisherige Geschäftsmodell infrage stellen und verändern. Oft zielen diese disruptiven Innovationen darauf ab, einen gänzlich neuen Markt zu erobern.

Wer jedoch in den vergangenen Jahren Topmanager fragte, welche Art der Innovationen sie besonders schätzten, stellte fest, dass sie eine besonders positive Einstellung zu den schwachen Arten der Innovation hatten. In Facelifts und Produktverbesserungen flossen Multimilliarden an Innovationsbudgets. Dagegen waren die Entscheider in der Wirtschaft gegenüber starken „Break-through-Innovations", die den bisherigen Unternehmensauftrag in Frage stellten, sehr negativ oder sogar ablehnend eingestellt. Das hatte zur direkten Folge, dass es dafür kein Geld gab. Die Forschungsbudgets der Unternehmen konzentrierten sich auf schwache Innovationen zur Verbesserung bestehender Produkte, nicht aber auf das Erobern oder Schaffen neuer Märkte. Diese Orientierung auf inkrementelle Innovation und Verbesserungen am Produkt entsprach dem vergangenen

Werteverständnis von „Innovation". Es hat sich bereits verändert.

Aufgrund der exponentiell steigenden Entwicklungsgeschwindigkeit im IT-Sektor und dem Durchdringen aller anderen Industrien und Geschäftsmodelle mit IT-Systemen verändert sich das Verständnis von Innovation in der Wirtschaft. Angriffe auf das eigene Geschäftsmodell kommen nicht mehr aus der eigenen Branche. Vielmehr dringen vermehrt Akteure aus den Nachbarbranchen oder gar gänzlich fernliegenden Branchen in Märkte ein und stellen die Grundregeln bestehender Geschäftsmodelle infrage. Sie bringen neue Technologien und Produkte, neue Partner und Netzwerke. Es sind inzwischen mehr und mehr die strategischen, „zerstörerischen" Innovatoren, die neue Geschäftsmodelle schaffen. Sie übertreten Grenzen, sie stören gewohnte Modelle, brechen mit bekannten Regeln und schaffen neue Märkte.

Doch sie bringen nicht nur Neues, sie zerstören auch Altes. Innovation in dieser Dynamik bedeutet die Störung funktionierender Geschäftsmodelle, verteilter Märkte, traditioneller Branchen und etablierter Netzwerke. „Rulebreaking" nennen wir Strategiecoaches diese disruptiven Innovationen. Dieses Rulebreaking ist nicht gänzlich neu. Es war auch in der Vergangenheit die Grundlage für bedeutende Innovationssprünge: Warum wurde der Düsenantrieb für Flugzeuge nicht von den Propellerantriebsherstellern erfunden? Warum entwickelten nicht die Hersteller von Füllfederhaltern den Kugelschreiber? Warum wird die Musikindustrie nicht durch Musiklabels revolutioniert und die Buchbranche nicht durch Verlage?

Doch neu ist, dass die starken, disruptiven Arten von Innovationen mehr und mehr zum Standard werden. Sie sind keine Einzelfälle mehr, sondern werden zur Notwendigkeit in allen Branchen. Sie werden zu unserem gemeinsamen Verständnis von Innovation.

Wenn Innovation und Dynamik zu Ihren zentralen Unternehmenswerten gehören, dann werden Sie Ihre bisherigen Prozesse bezüglich Innovationsmanagement überdenken müssen. Statt dem alleinigen Streben nach der inkrementellen Verbesserung Ihrer Produkte und Services werden Sie zusätzlich ein proaktives Innovationsmanagement betreiben müssen. Dieses wird darauf ausgerichtet sein, die eigene Technologie und das eigene Geschäftsmodell schon bei der Einführung anzugreifen. Unser Werteverständnis der Innovation verschiebt sich: Vom Streben nach Verbesserung zum Streben nach Selbstkannibalisierung!

Über die Kunst, seinen ärgsten Konkurrenten selbst zu bestimmen

Peter Jaeger

Peter Jaeger ist Senior Director Developer and Platform Evangelism (DPE) sowie Mitglied der Geschäftsleitung von Microsoft Deutschland. Er ist ein ausgewiesener Kenner der IT-Innovationslandschaft. Bereits 1993 gründete er ein Software- und Systemintegrationshaus. Später prägte er die Gründungsphase des seinerzeit größten Dotcom-Start-ups „EINSTEINet". Nach Führungspositionen bei IBM und HP leitet er nun die Innovationssparte von Microsoft in Deutschland.

Es ist kein Geheimnis, dass die IT-Branche beständig den Wandel formt. Keine andere Sparte liefert in so kurzen Zyklen so offensiv in die Breite wirkende Neuerungen wie die Informationstechnologie. Innovation und Dynamik – in der IT scheinen sie die wahren Konstanten zu sein. Und doch ist die IT nur Taktgeber. Denn mehr und mehr setzt sich die Erkenntnis durch, dass nahezu alle Branchen in unterschiedlichen Ausprägungen von Innovation und Dynamik abhängig sind.

Unter amerikanischen Geschäftsleuten erzählt man sich gerne, jedermann würde heute mit Union Pacific Airways fliegen, wenn das größte US-Eisenbahnunternehmen Union Pacific sich im Flugtransport- statt im Schienengeschäft gesehen hätte. Dieses Bonmot weist nicht nur darauf hin, welche Tragweiten vergebene Chancen entwickeln können. Es regt vielmehr zu einer Geisteshaltung in der Managementebene an, sich als Unternehmen regelmäßig selbst infrage zu stellen und so beständig wie nachhaltig neue Wege zu suchen.

Das ist natürlich eine anspruchsvolle und kräftezehrende Aufgabe. Die einzige Alternative dazu, sein eigener größter Konkurrent zu sein, ist es allerdings, jemand anderen dazu werden zu lassen.

An Beispielen fehlt es nicht: Warum wurde der Kugelschreiber nicht von einem Hersteller von Füllfederhaltern erfunden? Welche Voraussetzungen fehlten den Produzenten von Propellerflugzeugen, um den Düsenantrieb zu entwickeln? Warum hat nicht die Musikindustrie die MP3-Kompression entwickelt? Welche Erwartung hat dazu geführt, dass die Verlagsbranche dem elektronischen Marktsegment lange wortlos gegenüberstand, anstatt selbst E-Book-Reader zu entwickeln?

Neben anderen validen Gründen findet sich eine Antwort auf diese Fragen in der Natur des Menschen: So positiv der Begriff Innovation besetzt sein mag, so schnell zucken wir doch instinktiv zusammen, wenn der damit einhergehende Wandel thematisiert wird. Wir verändern uns nicht allzu gerne. Wir verlassen uns lieber auf das Gewohnte und das Bekannte, das wir gerne als Bewährtes verklären. Dass Stillstand uns schon definitorisch nicht weiterbringt, ist uns dabei paradoxerweise ebenso klar, wie dass der Zustand, in dem wir am liebsten verharren würden, doch auch nur eine Stabilisierung unserer Reaktionen auf Veränderungen in der Vergangenheit ist.

Wenn Sie mir einen weiteren Rückblick erlauben möchten, erkennen wir an Henry Fords Beispiel, wie lange man noch vor 100 Jahren Innovationen aussitzen konnte, bevor sich wirtschaftliche Nachteile ergaben: Ford brachte der Welt im Jahr 1908 das erfolgreiche T-Modell in Schwarz. Änderungen am besten Pferd in seinem Stall lehnte Ford immer strikt ab. Erst 1927 brachte der erhebliche Rückgang der Verkaufszahlen sein Einlenken. Doch am Markt waren längst weitere Automobile in verschiedenen Farben und Zusatzausstattungen etabliert, und von Ford abgelehnte Herstellerkredite regten andernorts die Verkäufe höherwertiger Karossen an.

Schnelle Information am richtigen Ort

Ein Niedergang wie jener Henry Fords lässt längst nicht mehr jahrelang auf sich warten; bereits kleinere Unterlassungen haben heute schneller größere Folgen. Unternehmen sind deshalb nicht nur darauf angewiesen, ihre Zahlen zu kennen und kommende Entwicklungen zu prognostizieren, um sich anschließend an deren Spitze zu stellen. Sie müssen dies auch so schnell und so regelmäßig wie möglich tun, da ihnen sonst ein Marktbegleiter zuvorkommt.

Es gibt dank moderner Informationstechnologie und Infrastruktur heute keinen Grund mehr dafür, warum ein Management nicht zu jeder Zeit Einblick in Informationen bis hinunter zu einzelnen Kassenterminals und Lagerbeständen haben könnte – weltweit und in Echtzeit. Heute können wir deswegen Verantwortung für definierte Teilbereiche eines Unternehmens umfänglicher delegieren und so dynamischer agieren. Jede Führungskraft kann die Entwicklung des von ihr verantworteten Segments transparent verfolgen und wohlinformierte Entscheidungen treffen. Wo früher kostenintensiv geduldige Papierberge erzeugt wurden, sind Zahlen und Analysen heute per

Mausklick vom Schreibtisch aus abrufbar. Zu einem Preis, der auch unteren Managementebenen den ständigen und detaillierten Einblick in die Ergebnisse ihrer Verantwortungsbereiche erlaubt. So können Prozesse auf allen Ebenen zielgerichteter gesteuert werden als noch vor 15 Jahren.

Größe alleine schützt nicht mehr

Diese modernen Möglichkeiten geben uns die Chance, selbst riesige Unternehmen viel besser als früher in kleineren, möglichst eigenständigen Bereichen zu organisieren. Denn wo früher noch schiere Größe vor einem Scheitern zu schützen schien, kann heute ein kleines, gewitztes Unternehmen auch die großen Platzhirsche angreifen. Der Wettbewerb ist dadurch nicht nur härter und internationaler, sondern auch vielschichtiger und schneller geworden.

Um am Markt Bestand zu haben, müssen wir als Unternehmen daher deutlich flexibler sein und zukünftige Entwicklungen besser, schneller und regelmäßiger antizipieren als früher. Denn je schwerfälliger wir sind, desto anfälliger sind wir für Überholmanöver.

Innovation bei Microsoft

Innovation und Dynamik treiben uns bei Microsoft beständig an. Seit dem Tag unserer Gründung im Jahr 1975 stehen diese Werte Pate für unsere Entwicklung. Mit nahezu 100.000 Mitarbeitern weltweit, Niederlassungen in mehr als 100 Ländern und einem weltumspannenden Partnernetz gehören wir dabei zu den größeren internationalen Unternehmen. Dieses Spannungsfeld zwischen entstandener Größe und notwendiger Agilität aufzulösen, um unseren vielfältigen Innovationsansätzen Rechnung zu tragen, ist eine unserer Herausforderungen. Dieser begegnen wir auf vielfältigen Pfaden.

Als Unternehmen der Hochtechnologie investieren wir natürlich erhebliche Mittel in die Forschung. Dafür unterhalten wir über 100 Microsoft-Innovationszentren, in denen wir unser Wissen mit anderen Softwareherstellern teilen, sowie strategische Partnerschaften mit Universitäten und anderen Forschungseinrichtungen. Wir unterhalten auch eigene Forschungslabors, die wir unter der Dachmarke „Microsoft Research" zusammengefasst haben. An weltweit 13 Standorten von Redmond über München bis Bangalore und Peking arbeiten mehr als 1100 unserer Wissenschaftler und Ingenieure an nichts anderem als dem praktischen Fortschritt der Informationstechnologie. Fokus sind dabei Forschungen, die zu konkreten Anwendungsfällen führen und in unsere Produkte Einzug halten oder neue Produkte hervorbringen können. So stammt beispielsweise unsere revolutionäre und bis heute unerreichte Kinect-Steuerung, die für unsere Spielekonsole Xbox entwickelt wurde, vollständig aus den Hallen unserer Forschung. Aber auch unsere Softwareprodukte stecken voller Errungenschaften, die der 20-jährigen Geschichte unserer dezidierten Forschungsabteilung entspringen.

Um uns bestmöglich auf unsere Aufgaben fokussieren zu können, wird unser gesamter Konzern regelmäßig reorganisiert. Wo in anderen Unternehmen der Verlust von Wissen an bestimmten Schreibtischen gefürchtet wird, schulen und fördern wir unsere Mitarbeiter intensiv und ermutigen sie zu einer dynamischen Karriere innerhalb unseres Unternehmens. Personelle Fluktuationen im Hause sind daher für uns ohnehin nicht ungewöhnlich. Als Mitarbeiter erfreuen wir uns dabei nicht nur persönlich neuer Chancen und Fortschritte, sondern erweitern auch unsere Erfahrungshorizonte erheblich und sind jederzeit offen für Neues. Wir tragen, wenn Sie so wollen, durch diese Flexibilität das Herz unserer Innovation damit in uns, an jedem einzelnen Arbeitsplatz.

Unsere regelmäßige interne Reorganisation ist ebenso ein deutlicher Ausdruck dessen, was wir als Unternehmen beständig hinterfragen und wofür wir neue Antworten finden. Ablesbar werden solche Prozesse für unsere Kunden spätestens an den Produkten und zunehmend auch an den Dienstleistungen, die wir weiterentwickeln und neu auflegen.

Nicht immer ist es für all unsere Kunden selbstverständlich, unsere Innovationsgeschwindigkeit mitzugehen. Sie haben das gute Recht, von lange Bewährtem nicht abweichen zu wollen, das Neue kritisch zu hinterfragen und vielleicht sogar den Übergang intuitiv meiden zu wollen. Wir investieren dabei partnerschaftlich in unsere Kundenbeziehungen. Wir erläutern transparent, welchen Fortschritt wir aus welchen Gründen in unsere Produkte integriert haben und wie unsere Kunden davon profitieren werden. Denn auch ihnen ist natürlich klar, dass Konservatismus im Bereich der Informationstechnologie nicht lediglich Stillstand, sondern Rückschritt gegenüber dem Wettbewerb bedeutet.

Nehmen Sie als weiteres Beispiel die jüngste Änderung unseres Firmenlogos. Nach 25 Jahren hatte das alte

Logo mit seinem hohen Bekanntheitsgrad keineswegs ausgedient. Als Zeichen des erheblichen Umbruchs, in dem sich Microsoft befand, war es jedoch an der Zeit, auch nach außen zu vermitteln, dass wir neue Pfade beschreiten wollten. Dazu beigetragen hat nicht nur unser Flaggschiffprodukt Windows 8, das als Betriebssystem für klassische Computer ebenso wie für moderne Touch-Geräte die modernen Designprinzipien unseres innovativen Windows Phone übernommen hat. Auch der Übergang zu Cloud-Produkten, allen voran unsere ausgereifte Suite Office 365 mit voller Offline-Unterstützung, brachte für uns beträchtlichen Wandel mit sich.

Viele unserer Geschäftsfelder befinden sich in der Transformation von der Software zum Dienst. Einhergehend entwickelt sich unser Unternehmen als bislang wohl bekanntester Softwareanbieter der Welt zunehmend zum Anbieter von Dienstleistungen und Geräten. Neue Umsätze wie die Beteiligung beim Vertrieb von Windows-Software anderer Hersteller in unseren Online-Stores, die Vermarktung unserer Rechenzentrumsressourcen in der Cloud oder der Verkauf eigener Hardwarelösungen sichern unseren eigenen finanziellen Erfolg in der Zukunft ab und bieten zudem neue Geschäftsmodelle für existierende und zukünftige Partner.

Ein weiterer Wandel in der Ausgestaltung unserer Innovationsfreude zeigt sich darin, in welchen Zyklen wir heute Software entwickeln und an unsere Kunden verteilen. War unser Modell noch bis vor wenigen Jahren an tradierten Vertriebswegen mit hübsch verpackten Datenträgern orientiert, so verstärken wir inzwischen die sukzessive Entwicklung und fortwährende Teilhabe unserer Kunden an unseren Fortschritten. Unsere Entwicklungszyklen verkürzen sich damit auf wenige Monate statt Jahre, und unsere Produktentwicklung entfernt sich zugunsten eines fortwährenden Produktlebenszyklus vom alten Modell der Hauptversionsnummern. Auf diesem Weg kommen wir nicht nur dem Wunsch des Marktes nach, neue Möglichkeiten schon vor dem Erscheinen einer kommenden Produktversion nutzen zu können. Wir nähern uns gleichzeitig dem Cloud-Modell an, mit dem der Kunde ohne jedes Zutun ständig die neuesten Entwicklungen zur Verfügung hat. Diese Umstellung wird unseren Entwicklungsabteilungen dabei helfen, die parallele Entwicklung für Cloud und klassische Geräte besser koordinieren und dynamischer auf aktuelle Anforderungen und Ereignisse reagieren zu können. Uns als Unternehmen hilft es außerdem dabei, neue Geschäftsmodelle zu realisieren – bis hin zur Cloud-Lösung, dank der nicht nur Wartungsprobleme der Vergangenheit angehören, sondern auch Softwarelösungen nur bei Bedarf für entsprechend geringe Beträge verfügbar werden.

Bei Microsoft legen wir es täglich darauf an, unsere bisherigen Leistungen selbst in den Schatten zu stellen, da wir – mitunter auch aus Erfahrung – sehr wohl wissen, dass es sonst ein anderer tun wird. Dabei bleiben wir unserem Prinzip treu, dass Innovation der Motor unseres Unternehmens und Dynamik sein Schmierfett ist. Das Anwachsen der öffentlichen IT-Infrastruktur und der einhergehende Wegfall klassischer Distributionswege sorgen dafür, dass sich unsere Zyklen beständig verkürzen. Damit können wir unsere Innovationen noch schneller am Markt platzieren, um uns vom Wettbewerb abzusetzen und auch kleineren, hoch flexiblen Unternehmen die Stirn bieten zu können. Mit dem Abbau von Infrastrukturlücken auch in strukturschwachen Ländern und Gebieten wird unsere gesamte Branche diesem Trend folgen. Wir gehen den Schritt voran.

Innovationen kommen heute „von der Seite“

Hans Georg Näder

Prof. Hans Georg Näder ist seit 1990 geschäftsführender Gesellschafter der Otto Bock Firmengruppe. Sein Unternehmen mit Sitz in Duderstadt ist Weltmarktführer in der technischen Orthopädie und Prothetik. Es gilt als Technologie- und Innovationsführer für Rehabilitation und Mobilität. Er ist Träger des Niedersächsischen Staatspreises sowie zahlreicher weiterer Auszeichnungen, war Manager des Jahres und Entrepreneur des Jahres. Er ist Gastprofessor der Universität Peking und Honorarprofessor der Privaten Hochschule Göttingen. Er hält zahlreiche Aufsichtsratsmandate, darunter bei der Commerzbank AG, der Rohde AG, der Leipziger Messe sowie der Nationalen Anti-Doping-Agentur NADA und ist Mitglied im Präsidium des Verbands der Familienunternehmer.

Innovation ist einer der großen Zukunftsmotoren der deutschen Wirtschaft. Weltweit belegt Deutschland den vierten Platz in Bezug auf Innovationskraft.[21] Diese Fähigkeit, Neues zu schaffen, gibt uns einen starken Wettbewerbsvorteil und ist die Basis des Erfolgs vieler Unternehmen. Auch die Medizintechnikbranche, in der eines meiner Unternehmen – die Otto Bock HealthCare GmbH – aktiv ist, lebt von Innovation.

Dennoch ist Innovation nicht gleich Innovation. Sie kann die Entwicklung neuer Technologien und Produkte ebenso bedeuten wie die Erneuerung von Prozessen. Sie kann intern erfolgen oder in Kooperation mit anderen. Vor allem aber findet Innovation immer in einem Kontext aus Gesellschaft, Markt, Wissenschaft und Politik statt.

Innovation ist ein Spiegel ihres Umfelds und wird von ihm maßgeblich beeinflusst. Mit den Veränderungen unseres Lebens wandelt sich die Art und Weise, in der neue Entwicklungen entstehen. Auch in der Forschung und Entwicklung meines Unternehmens hat sich seit seiner Gründung im Jahr 1919 einiges geändert.

Am Anfang der Unternehmensgeschichte stand eine Neuerung, die die Herstellung von Prothesen nachhaltig verändert hat. Mein Großvater Otto Bock gründete ein Unternehmen, das Prothesenpassteile in Serie produzierte. Zuvor waren alle Prothesen einzeln und im Ganzen angefertigt worden. Durch die neue Art der Prothesenproduktion konnte einer größeren Anzahl von Versehrten des Ersten Weltkriegs schneller Mobilität und somit Lebensqualität zurückgegeben werden.

Auch in den nunmehr fast 95 Jahren seit seiner Gründung hat sich Ottobock immer wieder durch Innovationen ausgezeichnet. Die gesamte Unternehmensgeschichte ist geprägt von Entwicklungsleistungen, die die Orthopädietechnik revolutioniert und vorangetrieben haben. So brachte Ottobock 1997 das erste mikroprozessorgesteuerte Knie, das C-Leg, auf den Markt. Mit Produkten wie dem Genium (einem Prothesenknie), der Michelangelo-Hand und dem C-Brace (einer mikroprozessorgesteuerten Ganzbeinorthese) gelingen Ottobock auch heute noch regelmäßig bahnbrechende Entwicklungen. Innovation ist Teil der DNA meines Unternehmens.

Innovation heute

Obwohl sich Ottobock heute wie vor über 90 Jahren durch Produktinnovationen auszeichnet, hat sich die Art und Weise, in der diese geschehen, maßgeblich geändert. Innovationen sind heute schnelllebiger als noch vor zwei Jahrzehnten. Bestehende Produkte müssen kontinuierlich überarbeitet werden, um ihre Produktlebenszyklen zu verlängern.

Getrieben wird diese Entwicklung mitunter von Fortschritten in anderen Bereichen. In der Medizintechnik kommt vielfach eine Reihe von Schlüsseltechnologien zum Einsatz. Neuerungen in IT- und Kommunikationstechnologie, in Materialwissenschaften und Biotechnologie ermöglichen oft auch Innovationen in unserer Branche. So liegen die Wurzeln unserer Innovationen nicht mehr ausschließlich innerhalb des Unternehmens. Vielmehr kommen wichtige Impulse auch „von der Seite“. Unsere Reihe software- und sensorgesteuerter Prothesen und Orthesen zum Beispiel wäre ohne entsprechende Entwicklungen in der IT-Branche nicht denkbar gewesen. Heute sind für uns unterschiedlichste Technologietrends interessant, seien es 3D-Drucker oder die Entwicklung intelligenter Materialien.

Unsere Forschungs- und Entwicklungsarbeit wird wie auch bei vielen anderen Unternehmen immer offener und durchlässiger. Für langfristig angelegte Grundlagenforschung arbeitet Ottobock weltweit mit über 50 externen Kooperationspartnern zusammen. Einerseits zählen dazu Universitäten, Fachhochschulen und Forschungsinstitute wie Fraunhofer- oder Max-Planck-Institute. Andererseits kooperieren wir mit Ingenieurbüros, Designern und Industriepartnern. Dieses strategische Netzwerk ermöglicht es uns, unsere Innovationen auf „breite Beine“ zu stellen, von den verschiedensten Experten zu lernen und durch Impulse von außen immer auf dem neusten Stand zu sein. Schon 1992 gab ein kanadischer Entwickler den entscheidenden Anstoß für die Entwicklung des C-Leg. Heute ist Open Innovation Alltag.

Hierbei spielt immer auch die Nähe zu den Anwendern unserer Produkte eine tragende Rolle. Nur durch engen Kontakt und kontinuierlichen Austausch mit den Nutzern können wir deren Bedürfnisse verstehen, unsere Produkte verbessern oder zielgerichtet neue entwickeln. Damit wir sicher sind, dass die Kommunikation zwischen Anwendern und Ottobock funktioniert, betreiben wir unter anderem unsere eigene Forschungswerkstatt und eigene „PatientCareZentren“. Wir versorgen Patienten selbst und lernen auf diese Weise unmittelbar ihre Probleme und Wünsche kennen. Wir gehen aber noch weiter. Im Rahmen unseres Demand Driven Developments begleiten wir auch Anwender unserer Produkte mit einer Kamera im Alltag. So können wir die Anforderungen an unsere Produkte bei den täglichen Aktivitäten der Nutzer wirklich verstehen. Unser größtes Ziel ist es, Menschen wieder ein Höchstmaß an Mobilität und somit Lebensqualität zurückzugeben.

Innovation in der Zukunft

In der Zukunft werden sich die beschriebenen Trends weiter fortsetzen und verstärken – nicht nur in der Medizintechnik. Unterschiedliche Bereiche und Experten werden immer besser vernetzt sein. Viele Innovationen werden auf einer Reihe verschiedenster Technologien beruhen. Ideen und Impulse werden immer öfter von außerhalb der Unternehmen kommen. Innovationen werden noch schnelllebiger sein.

Wie in vielen Branchen gibt es auch in der Medizintechnik viele spannende, vielversprechende Projekte. Bei Ottobock befassen wir uns gerade stark mit der gedankengesteuerten Prothese, mit der Schnittstelle zwischen Mensch und Maschine und mit „Sensory Feedback“: Eines Tages werden Prothesen Gefühle von Hitze, Kälte oder einem Händedruck an den Anwender weitergeben können.

Gleichzeitig stehen wir wie alle anderen innovativen Unternehmen vor großen Herausforderungen. So werden zum Beispiel Unternehmen in sich entwickelnden Ländern immer innovativer und bieten zunehmend qualitativ hochwertige Produkte zu günstigen Preisen an. Dies ist vor allem im Hinblick auf die wachsende Bedeutung dieser Märkte eine ernst zu nehmende Entwicklung.

Ottobock schafft jetzt die Voraussetzungen, um mit diesem Trend umzugehen und ihn bestmöglich zu nutzen. In der Zukunft werden sich die Zentren, in denen Forschung und Entwicklung stattfinden, immer mehr verschieben. Heute sind unsere Research & Development-Abteilungen in Westeuropa und Nordamerika beheimatet. Auch weiterhin wird hier ein Großteil unserer „Innovationsarbeit“ stattfinden. Produkte für Länder der „Ersten Welt“ können hier besonders gut entwickelt werden. Unser Fokus liegt aber vermehrt auch auf Ländern, die sich in einer starken Entwicklungsphase befinden. Hier ist Mehrfunktion trotz geringem Budget das Ziel.

Außerdem müssen Produkte für diese Märkte so konzipiert sein, dass auch weniger gut ausgebildete Techniker Patienten hochwertig versorgen können. Um dies besonders erfolgreich umzusetzen, werden wir zunehmend in Ländern wie Brasilien und China aktiv Forschung und Entwicklung betreiben.

Wie kann Innovation auch in Zukunft funktionieren?

Innovation wird in diesem Kontext immer komplexer. Durch gezielte Maßnahmen lassen sich die neuen Herausforderungen aber meistern. Ottobocks Erfolg im Bereich der Innovation beruht auf drei Säulen: Innovationsmanagement, Investitionsbereitschaft und Innovation als Teil der Unternehmenskultur.

Erfolgreiche Innovation muss fest im Unternehmen verankert sein und braucht ein professionelles Innovationsmanagement – heute mehr denn je. Bei Ottobock haben wir einen formalisierten Produktentstehungsprozess eingeführt. Dieser stellt sicher, dass die Entscheidung über den Start von Entwicklungsprojekten auf fundierten Fakten basiert; dass Entwicklungsprojekte ohne große Termin- und Kostenüberschreitung abgeschlossen werden; dass zu jeder Zeit hohe Standards eingehalten werden und die Anforderungen an Fertigung, Marketing und andere Funktionen früh bekannt sind und koordiniert werden können. Außerdem stellen wir mit unserem Demand Driven Development sicher, dass unsere Innovationen möglichst vielen Menschen zu einer höheren Lebensqualität verhelfen.

Gleichzeitig muss für erfolgreiche Innovation eine entsprechende Investitionsbereitschaft vorhanden sein. Ein Entwicklungsprojekt und seine Umsetzung brauchen Zeit und Geld. Seit vielen Jahren steigen unsere Investitionen in Research & Development. 2012 waren es schon über 40 Millionen Euro – etwa 7 Prozent unseres Umsatzes. Insgesamt arbeiten mehr als 450 Mitarbeiter in unseren zehn Entwicklungszentren. Vor allem für mittelständische Unternehmen ist es wichtig, dass es leicht zugängliche Förderprogramme für R&D gibt.

Formalisierte Prozesse und Investitionsbereitschaft können nur dann ihr volles Potenzial entfalten, wenn Innovation Teil der Unternehmenskultur ist. Es muss eine Umgebung geschaffen werden, in der Ideen entstehen und sich entfalten können, in der sie wohlwollend aufgenommen und konstruktiv bearbeitet werden. Dies kann unter anderem in einer sehr physischen Form geschehen: Offene Räume, in denen Mitarbeiter miteinander in Dialog treten können, werden leicht zur Geburtsstätte neuer Ideen. Mit der wachsenden Bedeutung offener Innovation wird es auch immer wichtiger, Gelegenheiten für den Austausch mit externen Experten oder Impulsgebern zu schaffen. Mit einer Reihe von „Lighthouses" in den USA werden wir interdisziplinärer Forschung und Entwicklung in Zusammenarbeit mit anderen Organisationen und Instituten, Ärzten und Orthopädietechnikern noch mehr Raum geben.

Eine wahre Innovationskultur kann nur entstehen, wenn ihre Bedeutung von jeder Ebene des Unternehmens erkannt wird. Wenn Innovation nicht „Chefsache" ist, wird das Unternehmen nur schwerlich mit den rasanten Veränderungen Schritt halten können. Gleichzeitig müssen alle Beschäftigten die Bedeutung neuer Ideen schätzen und ihre eigenen leicht einbringen können. Bei Ottobock sind auch Mitarbeiter, die nicht im Bereich R&D tätig sind, eingeladen, ihre Ideen vorzustellen. So werden zum Beispiel Vorschläge zur Organisation oder zu Produktionsabläufen gemacht. Wenn eine Idee gut ist, wird sie mit einer Prämie belohnt.

Das Thema Innovation wird für viele Unternehmen weiterhin an Wichtigkeit gewinnen. Ihm muss ein hohes Maß an Ressourcen zuteilwerden, Prozesse müssen gut strukturiert sein, und gleichzeitig muss ausreichend Freiraum für die Entwicklung neuer Ideen geschaffen werden. Wenn sich Unternehmen aber schnell und effektiv den neuen Gegebenheiten anpassen, können sie die Herausforderungen meistern. Das lohnt sich – nicht nur aus wirtschaftlicher Sicht. Die größte Belohnung für Innovation ist für mich der Moment, in dem sie angewandt wird: Wenn zum Beispiel eine junge Frau nach vier Jahren im Rollstuhl mithilfe des C-Brace wieder laufen kann. Wenn Technologie und Design Menschen zu Mobilität und Lebensqualität verhelfen.

Epilog: Wie wertekompetente Führung agieren muss

Mit den Werten ist es ähnlich wie mit persönlichen Meinungen in einer pluralistischen Gesellschaft: Jeder kann seine eigenen Vorstellungen haben ... solange sie nicht mit denen der anderen kollidieren. Deshalb ist die gesellschaftliche Wertedebatte für einige unter uns zwar interessant und ein persönliches Anliegen, für andere aber uninteressant und nicht zwingend notwendig.

Der Wertestreit gewinnt aber urplötzlich an Bedeutung, wenn es um das Zusammensein von Menschen geht: Das Zusammenleben in der Beziehung, das Zusammenlernen in der Schule und das Zusammenarbeiten in den Unternehmen. Hier prallen unterschiedliche persönliche Werteverständnisse direkt aufeinander. Eine der zentralen Aufgaben von Führungskräften ist es, an dieser Stelle lähmende Konflikte zu vermeiden und die Diversität der persönlichen Werte in Teams auf konstruktive Art zu nutzen.

Dies ist der Grund, warum es inzwischen kaum ein DAX-Unternehmen gibt, das nicht ein System der werteorientierten Führung eingerichtet hätte. Das Unternehmen selbst gibt seinen eigenen Wertekanon vor. Mitarbeiter und Führungskräfte müssen sich in ihm bewegen. So weit – so gut. Doch in Zeiten, in denen der technologische und gesellschaftliche Wandel automatisch einen Wertewandel mit sich bringt, so wie er auf den vorangegangenen Seiten beschrieben ist ... in diesen Zeiten stößt die werteorientierte Führung auf eine große Herausforderung.

Denn in jedem der betroffenen Unternehmen gibt es Mitarbeiter, deren Werteverständnis fortschrittlich ist, und Mitarbeiter, deren Werteverständnis traditionell ist. Das gleiche gilt für die Kunden. Deshalb muss werteorientierte Führung nicht nur Werte setzen und beschreiben, sondern permanent überprüfen und adaptieren. Verantwortungsvolle Unternehmen müssen ihre Werte neu definieren. Führungskräfte müssen sich mit Mitarbeitern auf neue Maßnahmen verständigen, wie diese Werte zu erreichen sind.

„Es ist schlecht, zu viel Kompetenz zu haben"

An dieser Stelle steht eine Vielzahl der Unternehmen vor echten Problemen. Und erstaunlicherweise haben die größten Probleme oft jene Unternehmen, die in früheren Jahren sehr kompetent mit der werteorientierten Führung umgegangen sind. Warum?

Wir Strategiecoaches stellen hier interessante Parallelen zur Innovationsforschung fest. Auch im Innovationsbereich gibt es Märkte, in denen es schlecht ist, zu viel Kompetenz zu haben. Es klingt grotesk und doch ist es wahr: In Zeiten von technologischem Wandel verlieren etablierte Unternehmen häufig ihr Geschäft, weil sie zu viel davon verstehen. Für die etablierten Verteidiger wird ihre Kompetenz in alten Technologien und Geschäftsmodellen zum Hemmnis. Der Grund liegt auf der Hand: Sie haben viel Zeit, Geld und persönliches Engagement investiert, um diese obsolet werdenden Kompetenzen aufzubauen. Für entsprechend wertvoll halten sie diese. Sie verkennen dabei, dass sich der Wert ihrer Kompetenzen nicht nach dem eingeflossenen Investment bemisst, sondern nach der aktuellen Lösungsqualität am Markt. Entsprechend beharren sie auf ihren immer nutzloser werdenden Kompetenzen. Dieses Beharren verzögert oder verhindert das unbelastete Entwickeln neuer Geschäftsmodelle.

Für die angreifenden Unternehmen hingegen wird ihre weitgehend naive Vorgehensweise zum Vorteil gegenüber dem ressourcenstrotzenden Establishment. Ihr mentaler Vorteil ist: Sie messen den alten Geschäftsmodellen und deren obsolet gewordenen Kompetenzprofilen keinen Wert bei. Sie haben ja nicht ihr halbes Arbeitsleben damit verbracht, sich diese Kompetenzen zu erwerben. Also haben sie auch keinen Grund sie zu verteidigen. Exakt dies ist der wesentliche Grund, warum in Zeiten von technologischem Wandel die etablierten, ressourcenstrotzenden Verteidiger dennoch von radikalen, aber mittelarmen Angreifern verdrängt werden.

Ganz ähnlich verhält es sich mit den Werten: Etablierte Unternehmen, die in den zurückliegenden Jahren eine intensive Wertearbeit geleistet haben, die ihre Werte bis ins Detail ausformuliert und ihre Führungskräfte geschult haben, tun sich unglaublich schwer, diese bisherigen Werte infrage zu stellen und sie für eine veränderte Technologie und Gesellschaft zu übersetzen. Hingegen sind „naive Unternehmen“ ohne Tradition in werteorientierter Führung oft intuitiv näher am Wertewandel dran als die Etablierten.

Reaktion der Etablierten: Ignoranz

Hinzu kommt ein zweiter Grund, der ebenfalls sein Pendant in der Innovationsforschung hat: Wenn ein Wertewandel in Erscheinung tritt, dann oftmals zunächst in Bevölkerungsschichten, die nicht im Zentrum der öffentlichen Meinungsbildung stehen. Es sind junge Menschen, affin für neue Technologien und neue Moden, die zuerst gemäß der veränderten Werte handeln. Für Beobachter in der Mitte oder im oberen Segment der Gesellschaft scheint es rational gesehen klug zu sein, diese Entwicklung zu ignorieren. Andernfalls würden sie ihre Definitionsmacht über die Wirtschaft und Gesellschaft infrage stellen. Sie würden sich selbst kannibalisieren. Wer will das schon?

Exakt dieses Muster stellt der amerikanische Wirtschaftswissenschaftler Clayton Christensen bereits 2003 in seinem Buch „The Innovator's Dilemma“ fest. Seine Langzeituntersuchungen in vielen verschiedenen Branchen lassen ein immer wiederkehrendes Muster erkennen: Bei technologischem Wandel neigen etablierte Unternehmen dazu, jene disruptiven Innovationen und Technologien zu ignorieren, die als Low-End-Innovationen aus einer Marktnische oder einem niedrigpreisigen Segment starten. Rational erscheint dies klug, denn diese etablierten Unternehmen verdienen ihr Geld hauptsächlich im mittleren und oberen Marktsegment. Für die Topmanager dieser Unternehmen wäre es geradezu sträflich, diese gewinnträchtigen Segmente zu gefährden, indem sie sich Hals über Kopf auf Technologien und Geschäftsmodelle stürzen, die nur für das untere Marktsegment attraktiv sind. Doch so klug diese Haltung anfangs scheinen mag, so sehr wird sie in vielen Fällen im Nachhinein als kurzsichtig bewertet werden.

Denn in den meisten Fällen, so Christensens Erkenntnis, wächst das neue Geschäftsmodell schnell vom unteren Segment ausgehend in den Markt hinein und übernimmt binnen kurzer Zeit auch das mittlere Marktsegment. Auf diese Weise werden die etablierten Unternehmen Schritt für Schritt in die oberen Marktsegmente gezwungen. Hier werden die alten Kompetenzen noch wertgeschätzt. Doch nur für kurze Zeit. Es dauert meist nicht lange, und die Unternehmen werden nach oben aus dem Markt heraus gedrängt. Dann hat die zuerst so unscheinbare Low-End-Innovation die gesamte Industrie verändert.

Mit Werten verhält es sich ähnlich. Auch der Wertewandel beginnt nicht in den oberen oder mittleren Segmenten der Gesellschaft. Überholte Werte werden am ehesten dort verändert, wo sie nicht mit Macht und Profit verbunden sind: bei den Jungen und sozial Schwachen in einer Gesellschaft. Doch der Wertewandel breitet sich aus. Dies ist natürlich keine Gesetzmäßigkeit. Schließlich haben wir es nicht mit Naturgesetzen zu tun, sondern mit Menschen, mit Ängsten und Hoffnungen, mit Liebe und Hass, mit Wünschen und Träumen. Menschen verändern ihr Leben und ihre Werte, wenn sie sich davon Vorteile versprechen. Diese sind natürlich verschieden: von Zugehörigkeit und Identität bis zum sozialen Aufstieg.

Dies ist der Grund, warum ein im schwachen Gesellschaftssegment begonnener Wertewandel nicht dort bleibt. Er wird jeweils vom darüber liegenden Segment aufgenommen, um sich seinerseits wiederum vom nächsten darüber liegenden Segment abzugrenzen oder dieses in seiner Definitionsmacht anzugreifen. Auf diese Weise stellen die etablierten Meinungsmacher eines Landes irgendwann fest, dass ihnen die Deutungshoheit über die Werte abhanden gekommen ist. Dann beklagen sie lautstark den Werteverfall in der Hoffnung, das Rad des Wandels wenigstens kurzzeitig anhalten zu können.

Unternehmen müssen sich selbst kannibalisieren!

Die Herausforderung für zukunftskompetente Unternehmen klingt fast abenteuerlich: Sie müssen ihr eigenes Wertegerüst angreifen, sie müssen sich selbst kannibalisieren! Und sie müssen dies bereits in einer Phase tun, in der der Wertewandel scheinbar erst eine Erscheinung der jungen Gesellschaftssegmente ist.

Dabei liegt es in der Natur der Dinge, dass die großen, etablierten Unternehmen nicht danach streben sich selbst anzugreifen. Doch wenn sie es den Newcomern überlassen, dann werden sie bei der Neudefinition der Deutungshoheit nicht dabei sein. Wenn sie sich hingegen mit der Macht ihrer Ressourcen frühzeitig an die Spitze des Wertewandels stellen, dann werden sie kurzfristig die alten Pfründe einbüßen, zugleich aber ihren neuen Einflussbereich erobern.

Unternehmen, die in Zeiten des rasanten, technologischen Wandels verantwortungsbewusst handeln, passen aktuell ihre Innovationsprozesse an diesen starken Wandel an. Dies lesen wir nahezu täglich in der Zeitung, wenn es landauf, landab heißt, Unternehmen würden Inkubatoren und Accelerators gründen. Unter Innovationsexperten gelten diese Formen als Brutstätten für disruptive Innovationen.

Doch so sehr man sich freuen mag, dass auch etablierte Konzerne inzwischen ihre Chancen durch Selbstkannibalisierung wahrnehmen, so wichtig scheint es darauf hinzuweisen, dass dies zugleich zu einem Wandel der Unternehmenswerte führt. Oder kurz gesagt: Wer disruptive Innovationen ohne einen parallelen Wertewandel im Unternehmen betreibt, der wird scheitern.

Warum wir keine Tankerkapitäne sind

Was ist also zu tun? Ich will hier nicht die unzähligen kleinen, operativen Schritte eines verantwortungsvollen Wertemanagements diskutieren, was für uns Strategieberater eine nahezu tägliche Aufgabe ist. Mir würde es aber viel bedeuten, wenn Sie, liebe Leserinnen und Leser, den zentralen Gedanken dieses Buches für die Wertedebatte in unserer Gesellschaft mitnehmen und hinterfragen.

Der zentrale Gedanke heißt: Hüten wir uns vor einem falschen Selbstbild unseres eigenen Wertekanons. Wir sind versucht zu glauben, dass das Wertegerüst in unserem Kopf eine Art „großer Tanker“ ist. Tanker sind groß, und sie sind schwerfällig. Sie fahren immer die gleichen Routen. Man kann sie weder wenden, noch die Richtung ändern und kleinere Häfen ansteuern. Die Tankerkapitäne sind lebenserfahren, gut ausgebildet und treffen weise Entscheidungen. Wenn Sie als Tankerkapitän Ihres eigenen Wertegerüsts glauben, dass Sie ein großes Schiff steuern, dann habe ich Verständnis dafür, dass Sie jede Diskussion über einen Wandel der Werte als Bedrohung empfinden.

Doch wer hat Ihnen eigentlich gesagt, dass Sie Tankerkapitän sind? Sie brauchen einen Perspektivwechsel! Unser Wertegerüst ist kein Tanker, ebenso wenig wie Ihre innere Haltung! Sie haben in Ihrem Kopf eine Flotte. Sie sind Flottenadmiral! Eine Flotte besteht bekanntlich aus mehreren Schiffen. Einige davon fahren konstant und unbeirrt auf ihren angestammten Routen. Es sind sie, die Ihnen Stabilität geben. Doch es gibt in einer Flotte auch andere Schiffe: kleine Speedboote! Sie sind flexibel, sie suchen neue Wege. Sie passen sich schnell und proaktiv neuen Umfeldeinflüssen an. Diese Speedboote bringen Innovation. Sie sind es, die die Flotte vor dem Stillstand bewahren.

Die größte Herausforderung für werteorientierte Vorstände und Entscheidungsträger ist, ihren Wertekanon als Flotte zu verstehen. Denn wer sein Unternehmen verantwortungsbewusst in die Zukunft führen will, der wird in dieser Situation die Grundregeln, Werte und Geschäftsmodelle seines Unternehmens verändern müssen. Die wirkliche Schwierigkeit ist eine mentale, keine wirtschaftliche! Die Führungskräfte müssen raus aus der Komfortzone. Übrigens auch Gewerkschafter, Politiker und Funktionäre! Wir alle!

Wenn wir möchten, dass das Handeln unserer Wirtschaft und Gesellschaft weiterhin von den uns wichtigen Werten geprägt ist, dann müssen wir endlich beginnen den Wertewandel zu lieben! Nur das stetige Übersetzen der Werte in neue technologische und gesellschaftliche Umfelder sorgt dafür, dass unsere Werte lebendig bleiben. Natürlich nicht nur in der Wirtschaft! Wie zitierte einige Seiten vorher ein Experimentalarchäologe einen Komponisten: „Tradition ist nicht die Bewahrung der Asche, sondern die Weitergabe des Feuers."

Wir wollen Ihnen in diesem Buch mit der Neuvermessung der sechs wichtigsten Werte deutscher Unternehmen einen ersten kleinen Anstoß dazu geben. Wir bitten Sie, unsere Übersetzungen nicht als „neuen großen Tanker" zu verstehen. Es ist Ihre Aufgabe, diese Neuvermessung weiterzutreiben und jenen Werten eine neue Flamme zu entzünden, die Ihnen besonders wichtig sind.

Wir wünschen Ihren Werten eine große Zukunft!

Anmerkungen

1. Daniel Kehlmann: Die Vermessung der Welt. Rowohlt, Reinbek bei Hamburg 2005.
2. Vgl. Aristoteles: Nikomachische Ethik. Erstes Buch, erstes Kapitel.
3. Vgl. Platon: Staat. 5.–7. Buch.
4. Walter Heistermann: Das Problem der Norm. In: Zeitschrift für philosophische Forschung (1966), S. 200 f.
5. www.wertekommission.de
6. Vgl. www.wertekommission.de/was-wir-tun/studien
7. Deutsche Gesellschaft für Qualität und forum! Marktforschung: Der emotionale Konsument (2012).
8. http://presse.ebay.de/fakten-deutschland
9. http://www.facebook.com/cocacola
10. ebd., 12. 03. 2014, 13:42 Uhr
11. Anfang 2012, rund drei Jahre später, hat der Microblogging-Dienst Twitter bei weltweit registrierten Nutzern die 500-Millionen-Marke überschritten; selbst beliebte deutsche Online-Nachrichten-Plattformen wie Bild Online oder Spiegel Online binden jetzt Twitter und die dortigen Echtzeitinformationen zu gewissen Events oder tagesaktuellen Themen in ihre Onlineportale mit ein – ein Zeichen dafür, dass die Popularität von Twitter auch außerhalb der USA steigt und in Ländern wie Deutschland den Mainstream erobert.
12. „Track Me“ ist ein Social-Media-Experiment, entwickelt vom Kreativ-Kollektiv Innovative Thunder, bestehend aus Leif Abraham und Christian Behrendt, Ina Ernesti, Feinkost, Brian Caruso, Lance Morales und David Nguyen.
13. Angry Birds ist ein Computerspiel, das im Dezember 2009 vom finnischen Entwicklerstudio Rovio Entertainment Ltd. veröffentlicht wurde und sich unter anderem zu einem der meistgespielten Smartphone-Games entwickelt hat.
14. Für alle, die nicht täglich Twitter verwenden und nicht mit dem „#“ vertraut sind: Das Symbol #, genannt „Hashtag“,

wird verwendet, um Schlüsselwörter oder Themen in einem Tweet zu markieren. Twitter-Nutzer erstellen es organisch, als Möglichkeit, Nachrichten zu finden und zu kategorisieren.
15. Paul Windolf: Wenn Geiselnahme Vertrauen ersetzt. Ein Rückblick auf die Finanzmarktkrise, WZB Mitteilungen, Heft 135, März 2012, S. 34.
16. Meadows, H.-D., Meadows, D.-L., Randers, J. & Behrens, R.-W.: The Limits To Growth. Aus dem Amerikanischen von Hans-Dieter Heck. Deutsche Verlags-Anstalt, Stuttgart 1972
17. Spiegel Online, Dezember 2013
18. New York Times, 28. Mai 2007
19. D. Görlitz: Die Anfänge der Seefahrt – Der doppelte Ursprung des ersten Segelschiffs. Isensee-Verlag, Oldenburg 2007.
20. D. Stanford & B. Bradley: Ocean Trails and Prairie Paths? Thoughts about Clovis' Origins. In: N. G. Jablonski, (Ed.): The First Americans: The Pleistocene Colonization of the New World. California Academy of Sciences, San Francisco 2002.
21. Deutsche Telekom Stiftung, Bundesverband der Deutschen Industrie e. V.: Innovationsindikator 2012 (2012).

Maria Prinzessin von Sachsen-Altenburg

Der feine Unterschied

Erfolg durch sicheres Benehmen in jeder Lebenslage

Wie kann ich meine Unsicherheiten galant überspielen und schwierige Situationen souverän meistern?

Und wie schaffe ich den Spagat zwischen menschlicher Nähe und vornehmer Distanz, Korrektheit und gesundem Menschenverstand? Woran erkenne ich die gute Kinderstube?

Jede Gesellschaftsschichte hat eigene Richtlinien zu Benehmen und Auftreten, mit denen sie bestimmte Erwartungen an uns stellt. Manchmal wirken sie wie eine Geheimsprache und es gelingt uns daher nicht immer, dieses komplizierte Regelwerk zu durchschauen und uns angemessen zu verhalten. Oft sind es die beinahe unsichtbaren Feinheiten, die den Unterschied zwischen guten Umgangsformen und auswendig gelernten Vorschriften ausmachen!

Anhand selbst erlebter Geschichten und Anekdoten entschlüsselt die Autorin Maria Prinzessin von Sachsen-Altenburg diesen Verhaltenskodex und verdeutlicht die Welt der Manieren zwischen Sein und Schein.

GOLDEGG VERLAG

Hardcover 316 Seiten
Format 13,5x21,5cm
ISBN: 978-3-902729-27-9

Preis: 19,[80] €

Bestellen Sie unter +43 (0) 1 505 43 76-30 oder per Fax: +43 (0) 1 505 43 76-20 oder unter verlag@goldegg-verlag.com

Norman Bücher

E X T R E M

Die Macht des Willens

Erfahren Sie, wie jeder die Macht seines Willens richtig einsetzen und Unglaubliches schaffen kann!

166 Kilometer und 9.400 Höhenmeter Nonstop überwindet Norman Bücher bei einem der anspruchsvollsten Extremläufe der Welt um den Mont Blanc.

In 14 Tagen durchquert er zu Fuß die Atacama Wüste in Chile und legt dabei unglaubliche 600 Kilometer und 6.000 Höhenmeter zurück.

Ein gefährlicher Lauf durch den brasilianischen Dschungel, unfassbare Anstrengungen beim Treppenmarathon, Laufabenteuer bei Kälte und Hitze – das ist die Welt des Norman Bücher.

Allein mit körperlicher Fitness sind diese extremen Herausforderungen nicht zu schaffen. Mit diesem Buch weiht der Autor seine Leser in das Geheimnis der Willenskraft ein.

GOLDEGG VERLAG

Hardcover 288 Seiten
Format 13,5x21,5 cm
ISBN: 978-3-902729-18-7

Preis: 19,80 €

Bestellen Sie unter +43 (0) 1 505 43 76-30 oder per Fax: +43 (0) 1 505 43 76-20 oder unter verlag@goldegg-verlag.com